Rote Wende

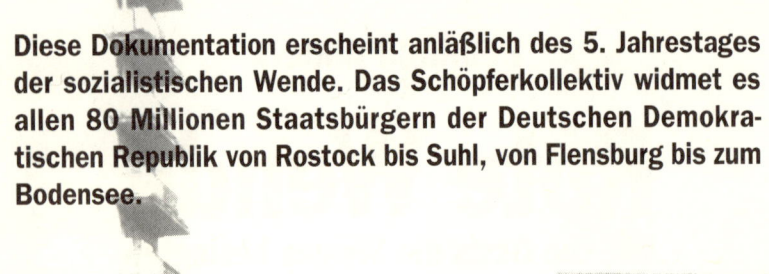

Diese Dokumentation erscheint anläßlich des 5. Jahrestages der sozialistischen Wende. Das Schöpferkollektiv widmet es allen 80 Millionen Staatsbürgern der Deutschen Demokratischen Republik von Rostock bis Suhl, von Flensburg bis zum Bodensee.

45 JAHRE
DDR

Reinhold Andert

Rote Wende

Wie die Ossis die Wessis besiegten

ELEFANTEN PRESS

Inhalt

Der 40. Jahrestag der DDR • Fackelzug der FDJ • Festreden von M.S. Gorbatschow und E. Honecker • Kulturprogramm im Palast der Republik • Beratung der Führer sozialistischer Länder • TASS über Treffen Gorbatschow – Bush • Ein Bericht aus Budapest • TASS-Mitteilung vom 10. Oktober 1989

Rede Modrows auf dem Dresdner Hauptbahnhof • Demonstrationen der Kampfgruppen der Arbeiterklasse in Leipzig und allen Bezirksstädten • Internationale Pressestimmen • Manifestation der Künstler am 4. November 1989

Über die zugespitzte Krise in der ehemaligen BRD • Neuer Film aus dem Studio H & S

Kölner Montagsdemos • Blüm wird Parteivorsitzender der CDU und Kanzler • Telefonat Blüms mit Honecker • Schicksal Helmut Kohls • Außerordentlicher Parteitag der CDU, Abwahl Blüms, Umbenennung in CDU-PdS, Rechtsanwalt Byssi neuer Parteivorsitzender der CDU-PdS, Helmut Kohl und CDU/CSU-Regierung Hauptschuldige für Krise in BRD • Hoffnungsträger Lambsdorff zum Kanzler gewählt • Neuwahlen am 18. März 1990 • Rede Erich Honeckers auf dem Domplatz in Speyer • Wahlergebnisse des 18. März 1990 • Reiseerleichterungen für BRD-Bürger • 10.- M der DDR Begrüßungsgeld für BRD-Bürger • Herbert Mies wird Bundeskanzler • Bundesverdienstkreuze zurückgegeben

5. Kapitel: »Bau auf, bau auf...«
Erste Etappe: Die Schaffung der Voraussetzungen
für die Errichtung der Grundlagen des Sozialismus

Festakt des MfS in Pullach, Guilleaume neuer Chef • Herbert Mies auf Vilm • Bundestag beschließt deutsche Vereinigung • Einigungsvereinbarung vorbereitet • Bekanntmachung des DDR-Finanzministeriums • Währungsumtausch • Wirtschaft und Handel werden sozialisiert • Vereinigungssakt am 7. Oktober 1990 im Metropoltheater

6. Kapitel: »Die Partei, die Partei, die hat immer Recht!«
Zweite Etappe: Die Voraussetzungen
für die Schaffung der erweiterten Grundlagen

XII. Parteitag der SED, Ehemalige DKP- u. SEW-Mitglieder Vollmitglieder der SED, Übergabe von Mappen mit Verpflichtungen, Kaderfragen, Wirtschaftsbericht: A. Schalck-Golodkowsky, Handel: Bericht W. Jarowinsky • Parteiinterne Information über das Schicksal der Verschwörer Krenz, Herger, Aurich u. a. • Ehemalige Verfassungsschützer, BND-Mitarbeiter und V-Männer stärken die Reihen des MfS

7. Kapitel: »Dem Morgenrot entgegen«
Dritte Etappe: Die Schaffung der umfassenden Grundlagen

Einweihung des Museums für die Geschichte der deutschen Arbeiterbewegung in Wiebelskirchen • Bestarbeiterkonferenz mit Günter Mittag und Harry Tisch in Duisburg • Margot Honecker verleiht der 3. EOS in Marburg den Ehrennamen einer polnischen Widerstandskämpferin • Werner Krolikowski auf der LPG Vilshofen • Interview mit dem Generalstaatsanwalt der DDR zu Fragen sozialistischer Rechtspflege • Zwölf Stunden mit Toni 49 unterwegs in Ernst-Thälmann-Stadt Hamburg • Was ist der »Gelsenkirchner Weg«? • Treffen Erich Honeckers mit namhaften Kunst- und Kulturschaffenden • Franz Beckenbauer - neuer Trainer von »Fortschritt« Bischofferode? • Präsidium des DTSB weist Dopingvorwürfe entschieden zurück • Salmonellengefahr gebannt • Vertrauensvolles Gespräch mit Kirchenvertretern • Fernsehprogramm des Fernsehens der DDR vom 3. 10. 1994 • Am Vorabend des 45. Jahrestages: Abrechnung der Bewegung: »Erich, gut ist uns nicht gut genug!« Auszeichnungsveranstaltung • Festakt • Feierliche Übergabe des Werkes: »Die sozialistische Wende«

Der Generalsekretär der SED und Vorsitzende
des Staatsrates der DDR Erich Honecker
(Nach einem Natur-Gemälde eines namhaften
äthiopischen Künstlers)

Zum Geleit

*Liebe Bürgerinnen und Bürger
der vereinten Deutschen
Demokratischen Republik,
liebe Genossen und Freunde!*

Am Vorabend unseres Nationalfeiertages, dem 45. Jahrestag
der Deutschen Demokratischen
Republik, entbiete ich allen
Bürgern und Kampfgefährten
in unserem vereinten sozialistischen Vaterland im Namen des
Zentralkomitees der Sozialistischen Einheitspartei Deutschlands und des Staatsrates der
Deutschen Demokratischen Republik die herzlichsten Glückwünsche und brüderlichen Kampfesgrüße!

Das vorangegangene Jahrfünft hat in beeindruckender Weise die
weltverändernden Ideen von Karl Marx, Friedrich Engels und Wladimir Iljitsch Lenin Wirklichkeit werden lassen. Der weltweite Siegeszug
des Sozialismus/Kommunismus, der mit der Großen Sozialistischen
Oktoberrevolution in einem der rückständigsten Länder der Erde begann, trat mit den Maßnahmen des 10. Oktober 1989 in eine neue Etappe. Dank der brüderlichen Hilfe, die den ungarischen Genossen durch
die ruhmreiche Sowjetarmee und der mit ihr im Warschauer Vertrag
verbündeten Armeen und Streitkräfte gewährt wurde, konnte ein neues
Kapitel in der Weltgeschichte aufgeschlagen werden.

»Die Ideen des Marxismus-Leninismus sind wahr, weil sie allmächtig sind!« Diese Losung hat bereits die meisten Länder Westeuropas,
Afrikas, Asiens und Lateinamerikas stürmisch erfaßt. Selbst in den
USA, dem ehemaligen Hort des Weltimperialismus, sind durch die
Wahl der neuen Präsidentin Angela Davis die Weichen für eine friedliche, demokratische und sozialistische Entwicklung gestellt worden.

Mit Stolz und Genugtuung können wir heute feststellen, daß die sozialistische Entwicklung in unserem vereinten deutschen Vaterland am weitesten in der Welt vorangeschritten ist. Durch die unermüdliche kameradschaftliche Hilfe, die den Bürgern des ehemaligen Westdeutschland vor allem durch die Genossen unserer Partei und durch die Angehörigen des Ministeriums für Staatssicherheit zuteil wurde, konnten binnen kürzester Zeit die unheilbringenden Folgen einer vierzigjährigen kapitalistischen Mißwirtschaft überwunden werden. Mit Befriedigung können wir heute feststellen, daß die wirtschaftliche, soziale, kulturelle und wissenschaftliche Umgestaltung des westlichen Teils unseres Vaterlandes kurz vor seiner Vollendung steht. Das Lebensniveau der Bürger in den neuen Bezirken und Kreisen von Konstanz bis Flensburg konnte dem der Bürger aus dem bewährten Teil der Deutschen Demokratischen Republik fast angeglichen werden. Arbeitslosigkeit, Wohnungsnot, kulturelle Einöde, Kriminalität und Bildungsnotstand gehören nun auch im westlichen Teil unseres Vaterlandes für immer der Vergangenheit an.

Das vorliegende Werk, welches durch den Beschluß des Zentralkomitees unserer Partei nicht nur als Pflichtlektüre in das Parteilehrjahr 1994/95 aufgenommen wurde, sondern als wahres Volksbuch in jeden Haushalt unseres Landes gehört, dokumentiert beeindruckend die einzelnen Etappen des aufopferungsvollen Kampfes der Werktätigen des Westteils der Deutschen Demokratischen Republik bei der Errichtung der Grundlagen der entwickelten sozialistischen Gesellschaft.

Mögen die Erfahrungen dieser Zeit des Klassenkampfes uns Ansporn sein zu weiteren glorreichen Taten und unseren internationalen Weggefährten als Richtschnur dienen bei der Errichtung des vollendeten Sozialismus in ihren Ländern!

Es lebe die Zukunft! Vorwärts beim weiteren Aufbau des Sozialismus-Kommunismus in der vereinten Deutschen Demokratischen Republik unter der bewährten Führung des Zentralkomitees der Sozialistischen Einheitspartei Deutschlands!

Berlin, Hauptstadt der Deutschen Demokratischen Republik
am 1. Oktober 1994

Erich Honecker

Vorwort

Die vorliegende Sammlung von historischen Dokumenten zur jüngsten deutschen Geschichte ist das Ergebnis vieler Mühen eines Kollektivs herausragender Persönlichkeiten des gesellschaftswissenschaftlichen Lebens. Historiker wie Prof. Dr. Kujau, Philosophen wie Frau Dr. Wollenthal und Dr. Tempel, Kulturwissenschaftler wie Dr. sc. Thiese, Mitarbeiter des Zentralinstituts »Wissenschaftlicher Atheismus« an der Akademie für Gesellschaftswissenschaften beim ZK der SED, die ehemaligen Theologen Dr. Peppelmann und Dr. Jauck, um nur einige zu nennen, waren maßgeblich daran beteiligt, jüngste deutsche Geschichte zu schreiben.

Als wir vor fünf Jahren den ehrenvollen Auftrag erhielten, solch ein Werk zu erstellen, beschäftigte uns zunächst die Situation der Quellen. Es stellte sich heraus, daß die Widerspiegelung der Ereignisse und Tatsachen vor allem in den Medien der ehemaligen Bundesrepublik in vielem sehr ungenau, verzerrt und teilweise sogar entstellt geschah. Ja, man schreckte auch nicht einmal davor zurück zu lügen, das blanke Gegenteil von dem zu behaupten, was wirklich geschah. Dahinter steckte ganz gewiß der anfängliche Wunsch gewisser Kreise in der ehemaligen Bundesrepublik, das Rad der Geschichte aufzuhalten.

Heute kann man diese Medien, soweit sie noch existieren, durchaus als historische Quelle nutzen. Damals aber sahen wir uns gezwungen, fast ausschließlich auf solch wahrhaften Informationen wie die des Zentralorgans der SED, des »Neuen Deutschland«, der Nachrichtenagentur der DDR »ADN« und auf die Organe der Bezirksleitungen der SED, die Bezirkszeitungen, zurückzugreifen.

Das vorliegende Buch aus dem FDJ-Verlag »Junge Welt«, Betriebsteil ELEFANTEN PRESS, ist eine volkstümliche Taschenbuchausgabe des umfangreicheren wissenschaftlichen Originalwerkes. Es wurde vor allem für die Leser aus dem neuen, westlichen Teil der DDR herausgegeben. Da diese materiell noch nicht so gut gestellt sind, wurde es im Preis herabgesenkt (2,49 M bzw. 24,90 DM der ehemaligen BRD). Um ihren bisherigen Lesegewohnheiten entgegenzukommen, wurde es zum Zwecke des leichteren Erfassens mit einigen Bildern, Dokumenten und Fotos, schöpferisch gestaltet von der künstlerischen

Direktorin Barbara Globig, angereichert. Erklärende Hinweise (Zeige-
finger) erleichtern ihnen das Verständnis. Längere Textpassagen wurden durch Zwischenüberschriften aufgelockert. Auf die strenge wissenschaftliche Gliederung des Originals mußte in dieser Ausgabe
weitgehend verzichtet werden.

Möge also dieses Buch auch denen von Ihnen, die noch zögerlich am
Wegrand der neuen Zeit, des Sozialismus, stehen, behilflich sein, sich
einzureihen.

Merken Sie sich: Wer nicht mit uns ist, ist gegen uns!

Berlin, Hauptstadt der DDR, 1. Oktober 1994

Reinhold Andert
im Namen des Schöpferkollektivs

1. Kapitel
Am Vorabend der Wende
Die Vollendung der Grundlagen der entwickelten
sozialistischen Gesellschaft in der DDR

Grund zum Feiern

*Für Sie, liebe Leserinnen und Leser aus der ehemaligen BRD, hier kurz
die Ereignisse unmittelbar **vor** der sozialistischen Wende. Da Sie
damals, 1989 und 1990, noch keine wahrhaften Informationen erhielten, wird einiges neu für Sie sein. Deshalb wird der Lauf der Ereignisse den einen oder anderen von Ihnen überrascht haben. Sie können jetzt
Ihre Wissenslücken von damals schließen. In den ersten Kapiteln
erfahren Sie durch Originalzitate der sozialistischen Presse den **wahren** Gang der Ereignisse.*

*Leser aus dem bewährten Teil der DDR waren geschult, auch zwi-
schen den Zeilen zu lesen. Für sie war der Gang der Geschichte keine
Überraschung! Durch das Studium der drei ersten Kapitel sollen nun
auch Sie in die Lage versetzt werden, jetzt und später Nachrichten **richtig** zu lesen und zu verstehen.*

***Durch erkärende Hinweise 🖝
wollen wir es Ihnen erleichtern.***

Wir stehen fest zu unserem Vaterland
**An historischer Stätte legten über 100.000 FDJler beim Fackelzug
ihr Bekenntnis zur sozialistischen Republik ab**

Der Abend dieses 6. Oktober 1989 hatte sich über die Dächer der
Hauptstadt gesenkt. Unter den Linden sammelten sich Mädchen und
Jungen im Blauhemd des Jugendverbandes, um ihrer, unserer Republik
mit dem traditionellen Fackelzug der FDJ die Treue zu bekunden.

Vor 40 Jahren hatten an ebenjener Stelle ihre Mütter und Väter auf
gleiche Weise den damals gerade gegründeten Staat begrüßt, hatte
Erich Honecker als Vorsitzender der FDJ hier dem ersten Präsidenten

der DDR, dem unvergessenen Wilhelm Pieck, das Gelöbnis der jungen Generation entgegengebracht.

Die Hymne erklang

Im Schein Tausender Fackeln, von stürmischem Beifall begleitet, schritten Erich Honecker, die weiteren Mitglieder der Partei- und Staatsführung der DDR sowie Michail Gorbatschow und die weiteren ausländischen Gäste durch ein dichtes Spalier vom Palast der Republik zur Tribüne vor der Humboldt-Universität.

Der herzliche Gruß galt auch den Repräsentanten der in der Nationalen Front vereinten Parteien und Massenorganisationen, Veteranen des Kampfes und der Arbeit, Mitbegründern der DDR.

Die Hymne der DDR erklang.

Erich Honecker präsentiert die Mappe der zukunftsweisenden Verpflichtungen (Links neben ihm Genosse M.S. Gorbatschow)

Wort und Tat

»Die Freie Deutsche Jugend gratuliert mit einem Fackelzug unserer DDR zu ihrem 40. Jahrestag.«

Zum Fackelzug in die Hauptstadt brachten sie ihre Leistungen im »FDJ-Aufgebot DDR 40« mit. Eine Dokumentation darüber, was die Mitglieder der FDJ, die Jung- und Thälmannpioniere, die Sportfreunde des DTSB und die Kameraden der GST zum Nutzen unseres Landes und seiner Jugend leisteten, nahm Erich Honecker dann aus den Händen von Peter Köcher, Jugendbrigadier der »FDJ-Initiative Berlin«, entgegen.

Aus der Bilanz im FDJ-Aufgebot DDR 40

– In den Zirkeln des FDJ-Studienjahres 1988/89 vertieften über 1,7 Millionen Jugendliche ihr Wissen.

– Im Aufgebot wurden 59 859 Jugendliche in die Partei der Arbeiterklasse aufgenommen, davon seit dem Pfingsttreffen der FDJ 12 698.

– Zur Erfüllung der Volkswirtschaftspläne 1988/89 setzten FDJ-Kollektive 11 583 Industrieroboter ein, sparten sie 27 132 Arbeitsplätze und 175,8 Millionen Arbeitsstunden ein.

– 5,23 Milliarden Mark wurden in den FDJ-Aktionen „Materialökonomie" und „Energieökonomie" erarbeitet.

– 102 397 Stallplätze in LPG Tierproduktion wurden rationalisiert und rekonstruiert.

– In der Aktion „Um- und ausgebaut" wurden 36 606 Wohnungen fertiggestellt. Das Ziel insgesamt konnte noch nicht erfüllt werden.

– In der MMM-Bewegung überschritt der ökonomische Nutzen 1988 erstmals 2 Milliarden Mark.

– Viele der rund 4500 Jugendforscherkollektive der FDJ kämpften um hohe Ergebnisse nach dem Motto: Spitzenleistungen in Spitzenzeiten. 933 der insgesamt 1859 Parteitagsobjekte der FDJ werden von Jugendforscherkollektiven bearbeitet.

– Die 38 327 Jugendbrigaden stehen an der Spitze des sozialistischen Wettbewerbs.

– Am Zentralen Jugendobjekt „FDJ-Initiative Berlin" vollbrachten Jugendkollektive Bauleistungen in Höhe von 4,93 Milliarden Mark.

– Bei der „Elektrifizierung von Eisenbahnstrecken" kamen planmäßig 588 Kilometer unter Fahrdraht.

– 28 000 FDJ-Mitglieder bereiten sich auf einen militärischen Beruf vor.

– Mit Leben erfüllt werden das Freundschaftswerk der Jugend der DDR und der VR Polen und das Jugendwerk der DDR und der ČSSR.

– Die seit 25 Jahren bestehenden FDJ-Brigaden der Freundschaft unterstützen die Entwicklung in 11 Staaten Afrikas, Asiens und Lateinamerikas.

– 790 000 reisten mit dem Reisebüro der FDJ in 49 Länder der Welt.

Dem Feind keine Chance!

Entschieden wende sich die FDJ gegen die Feinde des Friedens und des Sozialismus, gegen jene, besonders in der BRD, die unter der Flagge des Antikommunismus, des Revanchismus und des Neofaschismus sich in unsere Angelegenheiten einmischen, unseren Arbeiter-und-Bauern-Staat angreifen und beseitigen wollen. »Aber wir lassen nicht zu, das Rad der Geschichte zurückzudrehen.

Mit der Parteitagsinitiative der FDJ – Vorwärts zum XII. Parteitag der SED und zum XIII. Parlament unserer FDJ!«

Ein starker Gesang

»Bau auf, bau auf« – zum Gesang dieses alten, doch nie veralteten FDJ-Liedes mischten sich die Stimmen der Jungen mit denen der Alten, der Veteranen des Kampfes und der Arbeit, gleichsam das Gelöbnis bekräftigend.

Über zwei Stunden zog sich ein leuchtendes Band von Fackeln von der Friedrichstraße zum Palast der Republik hin. Immer wieder Sprechchöre: »DDR – unser Vaterland!« und »SED – FDJ!«

Ein starker Gesang beendete diesen Fackelzug: »Völker, hört die Signale...«

Karin Dörre, Matthias Loke (Neues Deutschland vom 7. 10. 1989)

 Der Jugend und nur der Jugend gehört die Zukunft!
Sie steht wie ein Mann hinter der Partei und der Sowjetunion.
Da hat kein Gegner irgendeine Chance!

Die Repräsentanten unseres unerschütterlichen Bruderbundes
Michail Sergejewitsch Gorbatschow und Erich Honecker

Festveranstaltung zu Ehren des 40. Jahrestages der Deutschen Demokratischen Republik im Palast der Republik:

Durch das Volk und für das Volk wurde Großes vollbracht

Festansprache von Erich Honecker, Generalsekretär des ZK der SED und Vorsitzender des Staatsrates der DDR (Auszüge)

Liebe Freunde und Genossen! Verehrte Anwesende!

Ein Vergleich der DDR von heute mit der DDR von 1949 spricht für sich selbst. Die vertrauensvolle, kameradschaftliche Zusammenarbeit der SED, der anderen Parteien und Massenorganisationen im Demokratischen Block und in der Nationalen Front der DDR bewährte sich als eine unserem Land gemäße Form der demokratischen Einbeziehung aller gesellschaftlichen Kräfte.

Wandlung durch Reformen

So gelang es auch, eine Vielzahl von Wandlungen zu realisieren – die Bodenreform, die Überführung der entscheidenden Betriebe in Volkseigentum, die Schulreform, die Hochschulreform, die Justizreform, das Gesetz über die örtlichen Volksvertretungen, die Industriepreisreformen, die Strukturveränderungen in der Volkswirtschaft.

Schiffbruch erlitten

Über jene, die der DDR bei ihrer Gründung eine Lebensdauer von nur wenigen Wochen prophezeiten, ist schon lange die Geschichte hinweggegangen. Schiffbruch erlitten haben die Verfechter der Hallstein-Doktrin, die dem sozialistischen deutschen Staat seinen gleichberechtigten Platz in der Weltarena verweigern sollte. Trotz massiven politischen und ökonomischen Drucks, der Alleinvertretungsanmaßung und Einmischung seitens der BRD erstarkte die DDR. Sie wurde Mitglied der UNO und deren Spezialorganisationen. 135 Staaten unterhalten diplomatische Beziehungen zu ihr. *(Starker Beifall)*

So gut wie noch nie

In 40 Jahren entwickelte sich bei uns eine Wirtschaft von moderner Struktur und großer Leistungskraft. Dynamik und wachsende Effektivität sind für sie kennzeichnend. 1989 werden 279 Milliarden Mark Nationaleinkommen erzeugt, elfmal soviel wie 1949.

Auf das Zehneinhalbfache stieg die Arbeitsproduktivität...
Das waren 40 Jahre DDR! *(Starker Beifall)*

Rückwärts nimmer!

Wir werden unsere Republik in der Gemeinschaft der sozialistischen Länder auch künftig in den Farben der DDR verändern. Die Ziele sind im Programm unserer Partei niedergelegt. Dadurch erlangt der Sozialismus als reale Alternative zum Kapitalismus eine ständig höhere Stufe, wirken seine Vorzüge um so nachhaltiger auf das Leben der Menschen. Sie selbst sind, bei aktiver Beteiligung nach unserem Grundsatz »arbeite mit, plane mit, regiere mit«, die Schöpfer ihrer Gegenwart und Zukunft. Soviel steht fest, für uns gilt die Losung: Vorwärts immer, rückwärts nimmer! *(Stürmischer Beifall)*

 Beachten Sie: Kein Wenn und Aber, sondern Siegeszuverzicht bereits in der Wortwahl! Unübertrefflich, auch im folgenden:

Uns vereinen die Ideale des Sozialismus und des Friedens

Grußansprache von Michail Gorbatschow, Generalsekretär des ZK der KPdSU und Vorsitzender des Obersten Sowjets der UdSSR

Werter Genosse Erich Honecker! Liebe Genossen und Freunde!
An diesem bedeutsamen Tag, dem 40. Gründungstag der DDR, unseres bewährten Freundes und Verbündeten, möchte ich Ihnen und allen Bürgern die herzlichsten Grüße und Glückwünsche des sowjetischen Volkes übermitteln. *(Anhaltender starker Beifall)*

Dramatische Wendungen
Die Nachkriegsperiode haben wir gemeinsam zurückgelegt, dabei unterstützten wir uns gegenseitig. Auf diesem Weg gab es steile Aufschwünge und dramatische Wendungen. Aber nichts konnte das gegenseitige Vertrauen erschüttern. *(Starker Beifall)*
Heute möchte ich Ihnen, liebe Genossen, sagen: Wir schätzen unsere Freundschaft, wir sind den Idealen des Sozialismus und des Friedens, die uns vereint haben, treu, und wir sind fest entschlossen, das allseitige Zusammenwirken weiter zu entwickeln.

Himmelsstürmer

Die Schaffung eines Staates der Werktätigen im östlichen Teil Deutschlands übte eine wesentliche Wirkung auf die Nachkriegsgeschichte Europas aus, beeinflußte auch den Lauf der Weltgeschichte.

Die Kriegszerstörungen, unter denen überwiegend der Ostteil Deutschlands zu leiden hatte, und vor allem die geistige Verwüstung, das giftige Erbe der militaristischen und nazistischen Eroberungsideologie im Bewußtsein der Menschen – all das weckte große Zweifel an einer sozialistischen Perspektive.

Gerade deshalb müssen wir heute die Heldentat der Aktivisten der ersten Stunde aufrichtig bewundern, die, um es mit Marx' Worten zu sagen, »den Himmel stürmten«. *(Starker Beifall)*

In diesem mutigen Kampf für die Zukunft konnten sie sich auf die allseitige sowjetische Hilfe stützen.

Sowjetunion will starke DDR
Hinweis auf Ungarn

Wir zweifeln nicht daran, daß die SED mit ihrem intellektuellen Potential und ihrer politischen Autorität imstande ist, in Zusammenarbeit mit allen gesellschaftlichen Kräften Antwort auf die Fragen zu finden, die durch die Entwicklung der Republik auf die Tagesordnung gestellt wurden.

Die Auswahl der Entwicklungsformen ist eine souveräne Angelegenheit eines jeden Volkes. Aber je größer die Eigenart dieser Formen, desto stärker der Bedarf an Erfahrungsaustausch, an gemeinsamem Handeln!

Achten Sie auf den unmißverständlichen Hinweis des Genossen M. S. *Gorbatschow an die ungarischen Freunde und Genossen! (Gemäß der bewährten Skatregel: dem Freunde lang, dem Feinde kurz!)*

Erlesenes Festprogramm

Zum Auftakt im Palast der Republik hatte bereits ein Saalfeuerwerk, raffiniert mit Laserlicht gestaltet, den optischen Rahmen zu Händels »Feuerwerksmusik« gegeben. Ludwig Güttler und sein Dresdner Blechbläserensemble waren die virtuos und klangschön musizierenden Interpreten. Aus Johann Sebastian Bachs Kantate 207 a stimmten die jungen Sänger vom Leipziger Thomaner-Chor unter der Leitung von Thomaskantor Hans-Joachim Rotzsch »Friede sei im Lande« an.

Adam Schreier Tanz

Danach Wechsel der Szene: Vor dem zartfarbenen Prospekt der Bühne hatte das Ballett der Deutschen Staatsoper Aufstellung genommen. Es tanzte die Polonaise aus »Schwanensee« von Tschaikowski. Aus Richard Wagners »Meistersingern« war dann Theo Adam als Hans Sachs zu erleben. In diesen Wochen feiert der Sänger sein 40jähriges Bühnenjubiläum.

Gleichklang und Harmonie der Bewegung.
Unsere Jüngsten, den Blick auf das Ehrenpräsidium gerichtet

Peter Schreier erfreute mit der ihm eigenen Gestaltungskraft. Gioacchino Rossinis Ouvertüre zur Oper »Wilhelm Tell« eröffnete dann das beschwingte Finale. Claus Peter Flor sorgte mit dem Berliner Sinfonieorchester für frisches Musizieren und kostete auch die klanglichen Raffinessen des Werkes aus. Im Schlußbild des Programms waren Tänze und Melodien von Johann Strauß aus seiner »Fledermaus« zu erleben.

Zündende Schlager

In allen Etagen des Hauses wurden abwechslungsreiche Programme gestaltet. Im Hauptfoyer zum Beispiel erklangen Lieder von solch erfolgreichen Komponisten unseres Landes wie Thomas Natschinski, Arnold Fritzsch, Günther Fischer. Vorgestellt wurden sie von Jürgen Walter sowie vom Rundfunktanzstreichorchester unter Jürgen Herrmann. Vier Jahrzehnte Schlagergeschichte boten Helga Hahnemann, Wolfgang Lippert, Frank Schöbel, Dagmar Frederic, Fred Frohberg, Heinz Quermann, das Orchester Lothar Stuckart und viele andere. Zum Jugendtreff präsentierten die beliebten Fernsehmoderatoren Jürgen Karney und Hans-Joachim Wolfram eine »Videothek DDR 40«.

Festliche und frohe Stunden, die den Gästen aus dem In- und Ausland auch einen Eindruck von der künstlerischen Leistungskraft unseres Landes vermittelten.

Sie denken: Warum bei solch einem großen politischen Augenblick soviel Rummel um Trompetenblasen, Singen und Tanzen? Falsch. *Richtig: 1. Kunst kann die Agitation bereichern, farbenfroher machen. Was wollen uns die Künstler mit ihren Darbietungen darüber hinaus sagen? 2. Kein einziger falscher Ton der Trompete, kein strauchelnder Schritt der Tänzer, kein Zittern der schönen Stimmen: Unser Weg ist richtig!*

Der Friede ist in Gefahr
(7. Oktober 1989)

Vertrauliches Gespräch der Repräsentanten
sozialistischer Länder

(ADN) Am Nachmittag des 7. Oktober 1989 fand in Berlin, Hauptstadt der DDR, ein vertrauliches Gespräch der zu den Feiern zum

40. Jahrestages der DDR anwesenden führenden Repräsentanten der sozialistischen Staaten statt.

Daran nahmen teil:

Aus der UdSSR der Generalsekretär der KPdSU Michail Sergejewitsch Gorbatschow,

aus der DDR der Generalsekretär der SED und Vorsitzende des Staatsrates, Erich Honecker,

aus der Volksrepublik Polen der Präsident und Oberbefehlshaber der polnischen Streitkräfte, General Wojciech Jaruselski,

aus der ČSSR der Generalsekretär der KPC Milos Jakes,

aus der VR Rumänien der Generalsekretär der KPR und Vorsitzende des Staatsrates Nicolae Ceausescu sowie

aus der VR Bulgarien der Generalsekretär und Vorsitzende des Staatsrates Todor Shiwkow.

Dieses Gespräch, auf dem gegenseitig interessierende Fragen zur Erörterung kamen, fand im Geiste brüderlicher Übereinstimmung statt.

Der Frieden ist gesichert: die besten Söhne der sozialistischen Staaten vereint im Geiste brüderlicher Gemeinsamkeit

Die persönliche Anwesenheit der Repräsentanten wurde genutzt, um
die Maßnahmen abzustimmen. Selbstverständlich wurde über den
Inhalt des Gespräches nichts verlautbart. Der Gegner sollte denken,
man hätte sich beim Genossen Honecker für die schönen Tage be-
dankt und über gegenseitig interessierende Eheprobleme geredet!
Vielleicht hätten auch Sie das gedacht nach dieser Meldung?

»Wer mit dem Feuer spielt...«

Die korrupte Regierung Ungarns hatte sich durch einen Judaslohn
bestechen lassen, an ihrem Abschnitt der Nahtstelle zwischen Sozia-
lismus und Imperialismus die Kontrollen zu vernachlässigen. So
konnten gewissenlose westdeutsche Menschenhändler in Ungarn ihr
Unwesen treiben. Mit solchen Reizworten wie GTI, Videorecorder
und Malboro versuchten sie, DDR-Bürger zur Republikflucht zu ver-
leiten.

Daß nur ganz wenige auf diese faulen Tricks hereinfielen, war
auch das Ergebnis einer guten Arbeit unserer sozialistischen Presse.
Mit der wahrheitsgemäßen Schilderung der Zustände in der ehema-
ligen BRD, der Entlarvung der Menschenhändler durch einen Kell-
ner der MITROPA und dem folgenden Artikel wurden vielen die
Augen geöffnet. Beachten Sie den Schluß des Artikels! Eine letzte
Warnung im guten an die ungarische Regierung!

Aus einem Bericht des Budapester Korrespondenten des ND,
Laszlo Arpadi
(ND vom 8. Oktober 1989)
Oft wurde unser Land von den imperialistischen Medien als »fröhlich-
ste Baracke im sozialistischen Lager« verunglimpft. Schmerzlich wahr
daran ist, daß Budapest in den letzten Tagen tatsächlich einem Lager
gleicht, einem Zigeunerlager. Geht man heute durch die Straßen unserer Hauptstadt, die seit Jahrzehnten als eine der saubersten Metropolen
nicht nur der sozialistischen Länder galt, stößt man jetzt allerorten auf
Schmutz und Unordnung. In allen Grünanlagen und Parks wurden teils
aus Bettlaken und Decken improvisierte Zelte errichtet, Lagerfeuer ent-
facht, zwischen den Bäumen und Sträuchern spannen sich Wäschelei-
nen. Da sanitäre Einrichtungen fehlen, muß die Notdurft hinter Ge-
sträuch verrichtet werden, überall ein merkwürdiger Geruch.

Die Nahtstelle zwischen Imperialismus und Sozialismus in der UVR nach ihrer ordnungsgemäßen Wiederherstellung

Ein Bild des Elends, wie wir es nur aus den Slums der imperialistischen Länder kennen.

Nein, es sind keine Zigeuner, sondern zivilisierte, hochanständige Bürger der Deutschen Demokratischen Republik, die man zwingt, so zu hausen! Es sind Familien, die in unserem Land auf ordentlichen Campingplätzen oder in Ferienheimen der Gewerkschaft ihren wohlverdienten Jahresurlaub verbracht hatten...

So muß sich unsere Regierung die immer dringlicher werdenden Fragen gefallen lassen, ob die Witterungsunbilden, die den gesamten Zugverkehr in der ČSSR zum Erliegen brachten, als Ausreden noch lange werden herhalten können.

Warum wurde das Angebot der Sowjetunion, die Rückführung der Urlauber über ihr Territorium zu organisieren, nicht angenommen?

Warum wird weiterhin gebetsmühlenartig darauf bestanden, daß die Bürger der DDR ihre Heimreise in den bereitgestellten Sonderzügen über Österreich und die BRD antreten sollen?

Wissen die Damen und Herren der Regierung etwa nicht, daß sich bereits skrupellose Menschenhändler aus diesen Ländern in den Parks herumtreiben und entweder mit erpresserischen Methoden oder verlockenden Angeboten versuchen, DDR-Bürger zum Besteigen dieser

Sonderzüge zu überreden? Angeblich, so läßt auch die ungarische Regierung verlautbaren, sollen diese Züge direkt in die DDR geführt werden, aber wer soll das glauben? Die Urlauber aus der DDR jedenfalls nicht! Sie verharren solange, bis ihnen die Zusage gegeben wird, über sozialistisches Territorium die Heimreise antreten zu können.

So stellt sich die Frage, wessen Spiel die derzeitige ungarische Regierung spielt. Ist es vielleicht ein Spiel mit dem Feuer...?

Nach der Hilfeleistung für das Volk der ČSSR im Jahre 1968 hatten damals vor 21 Jahren ultrarechte Kräfte im Westen versucht, Schmutzkübel über die sozialistische Staatengemeinschaft auszugießen und militärisch zu drohen. Diese zeitversetzte Meldung von TASS sollte diesem Treiben diesmal von vornherein einen Riegel vorschieben.

Mitteilung von TASS
(9. Oktober 1989)
(ADN) Wie die sowjetische Nachrichtenagentur TASS heute berichtet, fand bereits am 1.10.1989 im Moskauer Kreml ein vertrauliches Gespräch zwischen dem Generalsekretär des ZK der KPdSU, Genossen Michail Sergejewitsch Gorbatschow, und dem Präsidenten der USA, George Bush, statt. Im Verlaufe dieses Gespräches informierte laut TASS der amerikanische Präsident George Bush den Generalsekretär der KPdSU, Genossen Michail Sergejewitsch Gorbatschow, über die verheerenden Auswirkungen der kapitalistischen Wirtschaftskrise, die seit Frühjahr 1989 auch die USA erfaßt habe.

Genosse Gorbatschow versicherte im Laufe dieses Gespräches seine Bereitschaft, dem Obersten Sowjet der UdSSR vorzuschlagen, für die Werktätigen der USA die Einleitung umfassender Hilfsmaßnahmen zu prüfen.

Beide Seiten kamen überein, schnellstmöglich Verhandlungen über die baldige Beendigung des sinnlosen Wettrüstens aufzunehmen.

Präsident Bush informierte in diesem Zusammenhang, daß die Entwicklung des kostspieligen Sternenkriegsprogramms als eine der wesentlichen Ursachen der ausgebrochenen Krise von den USA eingestellt werde.

Beide Seiten vereinbarten in einem abschließenden Protokoll, den status quo in ihren Verantwortungsbereichen zu respektieren.

Die folgende TASS-Meldung stammt aus dem Herbst des Jahres 1956. Damals hatte die Sowjetunion dem ungarischen Volk schon einmal brüderliche Hilfe gewährt. Da die Gesetze des Klassenkampfs zeitlos sind und sich der damalige Wortlaut bewährt hatte, wurde er schöpferisch wiederverwendet.

Mitteilung von TASS
(10. Oktober 1989)

TASS ist bevollmächtigt zu erklären, daß sich Persönlichkeiten der Partei und des Staates der Ungarischen Volksrepublik an die Sowjetunion und die anderen verbündeten Staaten mit der Bitte gewandt haben, dem ungarischen Brudervolk dringend Hilfe, einschließlich der Hilfe durch bewaffnete Kräfte, zu gewähren.

Sowjetische Militäreinheiten haben gemeinsam mit Militäreinheiten der im Warschauer Vertrag verbündeten Staaten am 10. Oktober das Territorium Ungarns betreten.

Sie werden sofort aus der UVR herausgeführt, sobald die Gefahr für die Errungenschaften des Sozialismus in Ungarn, die Gefahr für die Sicherheit der Länder der sozialistischen Gemeinschaft beseitigt ist, sobald die rechtmäßige Staatsmacht die Meinung vertritt, daß für einen weiteren Aufenthalt dieser militärischen Einheiten in der UVR keine Notwendigkeit mehr besteht.

Die unternommenen Handlungen dienen der Sache des Friedens und sind von der Sorge um die Festigung des Friedens diktiert. Die Bruderländer stellen jeglicher Bedrohung von außen fest und entschlossen ihre unerschütterliche Solidarität entgegen.

Niemals und niemandem wird es gestattet sein, auch nur ein Glied aus der Gemeinschaft der sozialistischen Staaten herauszubrechen.

S. 25
Auch unsere Künstler meldeten sich zu Wort:
Karikatur von Dittrich aus der satirischen Zeitschrift »Eulenspiegel«

2. Kapitel
Bewegte Tage
Die Vollendung der entwickelten sozialistischen Gesellschaft in der DDR und die Schaffung der Voraussetzungen für die revolutionär – demokratischen Umwälzungen in der ehemaligen BRD

»Neues Deutschland« vom 11. Oktober 1989:
Eindrucksvolle Großkundgebung auf dem Dresdner Hauptbahnhof

(ADN-ND) Auf dem Dresdner Hauptbahnhof empfingen das Mitglied des ZK der SED und Erster Sekretär der Bezirksleitung Dresden, Genosse Hans Modrow, und der Oberbürgermeister der Stadt Dresden, Genosse Wolfgang Berghofer, im Beisein von zehntausend Dresdner Werktätigen die in Sonderzügen zurückkehrenden Urlauber aus der UVR und der ČSSR.

Genosse Modrow konnte in seiner mit Begeisterung aufgenommenen Rede den durch Witterungsunbilden an der rechtzeitigen Rückkehr verhinderten Werktätigen mitteilen, daß das Politbüro des ZK der SED beschlossen habe, der Regierung der DDR vorzuschlagen, daß die durch die widrigen Umstände verlorengegangenen Arbeitstage weder nachgearbeitet werden müssen noch vom nächsten Jahresurlaub abgezogen werden.

Durch eine erhöhte Bereitschaft der entsprechenden Werktätigen an ihrem Arbeitsplatz sowie eine republikweite Aktion zu Durchführungen von Sonderschichten zu Ehren des XII. Parteitages der SED unter der Losung »Leiste dir was, dann leiste was!« hoffe die Partei- und Staatsführung zuversichtlich, daß die dadurch eingetretenen geringfügigen Rückstände in einigen Zweigen der Volkswirtschaft, vor allem der Zulieferindustrie, schnell wieder aufzuholen sind.

Diese Großzügigkeit der Partei- und Staatsführung zeige, wie Genosse Modrow betonte, daß das bei einigen führenden Persönlichkeiten der Partei- und Staatsführung irrtümlich entstandene, zeitweilig eingeschränkte Vertrauen in das Volk der DDR wiedergewonnen werden konnte.

Dieses Wohlwollen sei nicht nur auf die tiefe Genugtuung breiter Kreise der werktätigen Bevölkerung gestoßen, sondern habe auch eine Reihe zusätzlicher Produktionsaufgebote ausgelöst, in deren Folge es binnen weniger Wochen gelang, nicht nur die eingetretenen Rückstände aufzuholen, sondern für das erste Quartal 1990 einen erheblichen Planvorlauf zu erreichen.

Auf dem 13. Plenum des ZK der SED wurde daher beschlossen, den Schwung dieser Initiativen zu nutzen, um durch eine Reihe von Masseninitiativen auf allen Gebieten des gesellschaftlichen Lebens den XII. Parteitag der SED würdig vorzubereiten.

Begeisternde Kundgebung vor dem Dresdner Hauptbahnhof

»Neues Deutschland« vom 12. Oktober 1989:

Breite Zustimmung zu den Maßnahmen des 10. Oktober

Zahlreiche Bürger der DDR bekunden in einer wahren Flut von Telefonaten, Fernschreiben und Briefen an das ZK der SED, den Ministerrat der DDR sowie an zentrale und örtliche Presseorgane ihre vorbehaltlose Zustimmung zu den friedenssichernden Maßnahmen des 10. Oktober. Sie bekunden ihre Bereitschaft, durch erhöhte Leistungen an ihren Arbeitsplätzen zur weiteren Stärkung der DDR beizutragen.
Hier eine kleine Auswahl:

Der richtige Schritt

Viele meiner Genossen und Kollegen haben den Schritt der verbündeten Staaten genau wie ich sofort begrüßt. Wir sind verpflichtet, den Genossen der UVR zu helfen, denn Verträge und Verpflichtungen stehen nicht nur auf dem Papier. Der Imperialismus darf in der UVR nicht einen Meter an Boden gewinnen!
Erwin Steak, Schiffselektriker und Hundertschaftskommandeur der Kampfgruppen der Neptunwerft Rostock

Vollkommen richtig

Wir sind der Meinung, daß es vollkommen richtig und an der Zeit war, den konterrevolutionären Kräften einen Strich durch die Rechnung zu machen.
21 Kollegen und Genossen des innerbetrieblichen Transports des VEB Fritz-Heckert-Werk, Karl-Marx-Stadt

Verpflichtungen

Im RAW Wittenberge erklärten fünf Betriebsangehörige ihren Eintritt in die Partei.
Jürgen Burmeister wurde Mitglied der Kampfgruppe, Rainer Schwarz will Soldat auf Zeit werden. Karin Weileb, Laborantin im VEB Getreidewirtschaft Parchim, sagt in ihrer Begründung um Aufnahme als Kandidatin in die Partei: »Mein Vertrauen in die Partei ist am 10. Oktober so gewachsen, daß ich mich um die Kandidatur bewerben möchte.«

Die Repräsentanten der in der Nationalen Front vereinten Parteien und Massenorganisationen bringen gegenüber dem Generalsekretär der SED, Gen. Erich Honecker, die volle Zustimmung ihrer Mitglieder zu den friedenssichernden Maßnahmen des 10. Oktober zum Ausdruck

Handlung für den Frieden

Ich halte die Maßnahmen für sehr schwerwiegend, aber für unbedingt notwendig. Das wird auch für viele andere, die von außen her negativen Einfluß nehmen wollen, eine ernste Warnung sein, daß sie es nicht nur mit der UVR, sondern mit dem gesamten sozialistischen Lager aufnehmen müssen. Persönlich halte ich diese Maßnahmen für eine wichtige Handlung im Sinne der Erhaltung des Friedens.

Pfarrer Gerhard Mannherr, Catterfeld, Kreis Gotha

Meine volle Zustimmung

Mit großer Beunruhigung habe ich in den letzten Monaten die politische Entwicklung in der UVR verfolgt. Der sicher nicht leichte Entschluß der sozialistischen Bruderländer, mit ihren Streitkräften der UVR Hilfe zu leisten und den Sozialismus zu schützen, findet meine volle Zustimmung.

Prof. Walter Ackamow, Rektor der Hochschule für bildende und angewandte Kunst Berlin-Weißensee

Sie vergießen Krokodilstränen

Wenn in Westdeutschland die Kommunistische Partei verboten und Antifaschisten verfolgt, wenn in den USA die Negerbevölkerung unterdrückt wird, dann findet das den Beifall der Kohl- und Springer-Clique. Krokodilstränen vergießen sie jedoch, wenn wir uns und den uns befreundeten Ländern helfen. Sie haben sie vergossen, als wir unsere Staatsgrenze sicherten, und sie vergießen sie nun, da wir gemeinsam die Errungenschaften des Sozialismus und die Grenzen unserer Länder schützen und der Konterrevolution und dem Revanchismus keine Chance geben.

Wolfgang Witzbloch, Mitglied der Fußball-Nationalmannschaft der DDR

Der Friede muß bewaffnet sein!
Vorbereitung zu den beeindruckenden Paraden der Kampfgruppen der Arbeiterklasse.

Strich durch die Rechnung

Die Hilfe der sozialistischen Bruderländer für die ungarischen Kommunisten und Werktätigen macht den imperialistischen Bestrebungen zur »Neuordnung Europas« einen Strich durch die Rechnung. Unsere vorrangige Aufgabe sehen wir darin, die Anstrengungen zu verstärken, um mit Spitzenleistungen in der Forschung wissenschaftlichen Vorlauf zu schaffen und mit Hilfe des wissenschaftlich-technischen Fortschritts in der Landwirtschaft und Nahrungsgüterwirtschaft eine schnelle Steigerung der Produktion und Arbeitsproduktivität zu erreichen.
Prof. Dr. Erich Samenrübe, Präsident der Deutschen Akademie der Landwirtschaftswissenschaften zu Berlin

Der Schlag hat gesessen

Ist der Freund in der Not, hält man die Fäuste nicht in der Tasche. Will man dem Freund helfen, schlägt man den Feind.

Und die Reaktion der Reaktion zeugt davon, daß der Schlag gesessen hat.

Michael Hell-Tschesno, Schriftsteller

»Neues Deutschland« vom 17. Oktober 1989:

Der Frieden ist in guter Hand

(ADN) Am Montag, dem 16. Oktober 1989, nahm Genosse Horst Schumann, Mitglied des ZK der SED und Erster Sekretär der Bezirksleitung Leipzig, in Gegenwart des Mitgliedes des Politbüros und Sekretärs des ZK der SED, Genossen Egon Krenz, und des Mitgliedes des Politbüros und Ministers für Staatssicherheit, Genossen Erich Mielke, eine Ehrenparade der Kampfgruppen der Arbeiterklasse mit aufgepflanzten Bajonetten des Bezirkes Leipzig ab.

Im Anschluß daran zogen Hunderttausende Bürgerinnen und Bürger der Pleißestadt an der Ehrentribüne vorbei und bekundeten auf z. T. selbst verfertigten Losungen wie »Wer zu spät kommt, den bestraft das Leben!«, »Es lebe die Einheit von Wirtschafts- und Sozialpolitik!« und »Den wahren Freund erkennt man in der Not!« ihre Zustimmung zu den friedenssichernden Maßnahmen des 10. Oktober sowie zur Politik des XI. Parteitages.

 Im Vorfeld dieser Kampfparade gab es ernste ideologische Unsicherheiten des Herrn Krenz, die für ihn folgenschwere Konsequenzen haben sollten! Über seine Entlarvung ausführlich im Kapitel 6!

»Neues Deutschland« vom 18. Oktober 1989:

Das Volk steht wie ein Mann hinter der Partei

(ADN/ND) Dem beeindruckenden Beispiel Leipzigs folgend, fanden am gestrigen Tag, dem 17. Oktober 1989, in allen Bezirksstädten der DDR Paraden der Kampfgruppen der Arbeiterklasse statt.

Daran schlossen sich begeisternde Manifestationen der Werktätigen der Bezirke in Gegenwart von Mitgliedern des Politbüros der SED an.

In **Berlin** konnte Günther Schabowski, Mitglied des Politbüros und Erster Sekretär der Bezirksleitung der SED, den Generalsekretär des ZK der SED und Vorsitzenden des Staatsrates sowie des Nationalen Verteidigungsrates, Genossen Erich Honecker, sowie das Mitglied des

Politbüros und Vorsitzenden des Ministerrates der Deutschen Demokratischen Republik, Genossen Willy Stoph, und das Mitglied des Politbüros und Minister für Nationale Verteidigung, Armeegeneral Heinz Keßler, begrüßen.

In **Rostock** weilte neben dem Mitglied des ZK der SED und Ersten Sekretär der Bezirksleitung der SED, Genossen Ernst Timm, das Mitglied des Politbüros und Vorsitzender des Bundesvorstandes des FDGB, Harry Tisch.

In **Schwerin** wurde neben dem 2. Sekretär der Bezirksleitung der SED, Genossen Erich Postler, das Mitglied des Politbüros und Sekretär des ZK der SED, Genosse Kurt Hager, herzlich willkommen geheißen.

In **Magdeburg** fand die Parade und Manifestation im Beisein des Kandidaten des Politbüros und Ersten Sekretärs der Bezirksleitung der SED, Genossen Werner Eberlein, statt.

In **Halle** begrüßten die Kundgebungsteilnehmer neben dem Mitglied des ZK der SED und Ersten Sekretär der Bezirksleitung, dem Genossen Gerhard Böhme, das Mitglied des Politbüros und Präsidenten der Volkskammer der DDR, Genossen Horst Sindermann.

In **Neubrandenburg** weilte neben dem Mitglied des ZK der SED und Ersten Sekretär der Bezirksleitung, Genossen Johannes Chemnitzer, die Kandidatin des Politbüros, Margarete Müller.

Auf der **Cottbusser** Ehrentribühne galt das herzliche Willkommen neben dem Mitglied des ZK der SED und Ersten Sekretär der Bezirksleitung, Genossen Werner Walde, dem Mitglied des Politbüros und Sekretär des ZK der SED, Genossen Herrmann Axen.

In **Potsdam** begrüßte man neben dem Mitglied des ZK und Ersten Sekretär der Bezirksleitung der SED, Genossen Günther Jahn, das Mitglied des Politbüros und Vorsitzenden der Gesellschaft für Deutsch-Sowjetische Freundschaft, Genossen Erich Mückenberger.

In **Gera** entboten die Werktätigen des Bezirkes dem Mitglied des ZK der SED und Erstem Sekretär der Bezirksleitung, Genossen Herbert Ziegenhahn, dem Mitglied des ZK und Generaldirektor des VEB Carl Zeiss Jena, Genosse Wolfgang Biermann, sowie dem Mitglied des Politbüros und Sekretär des ZK der SED, Genossen Günther Mittag, ein herzliches Willkommen.

Auf dem **Erfurter** Domplatz begrüßten die Mitglieder der Kampfgruppen der Arbeiterklasse sowie die Werktätigen des Bezirkes begeistert neben dem Mitglied des ZK der SED und Ersten Sekretär der

Bezirksleitung, Genossen Gerhard Müller, die Kandidatin des Politbüros der SED, Genossin Inge Lange.

In **Dresden** galt der Gruß der Kämpfer und Werktätigen neben dem
Mitglied des ZK der SED und Ersten Sekretär der Bezirksleitung,
Genossen Hans Modrow, dem Mitglied des Politbüros und Sekretär des
ZK der SED, Werner Krolikowski.

In **Karl-Marx-Stadt** begrüßte man neben dem Mitglied des ZK der
SED und Ersten Sekretär der Bezirksleitung, Genossen Sigfried
Lorenz, das Mitglied des Politbüros und Sekretär des ZK der SED,
Genossen Horst Dohlus.

Die Werktätigen und Kämpfer des Bezirkes **Suhl** bereiteten neben
Ernst Albrecht, Mitglied des ZK der SED und Ersten Sekretär der SED-
Bezirksleitung, dem Mitglied des Politbüros und Sekretär des ZK der
SED, Genossen Joachim Herrmann, einen begeisterten Empfang.
*(Die Paraden der Kampfgruppen der Arbeiterklasse und Manifesta-
tionen der Werktätigen dauerten bei Redaktionsschluß noch an.)*

 *Die Aufzählung der einzelnen Paraden und Ehrengäste wird Ihnen
auf den ersten Blick vielleicht etwas uninteressant erscheinen, ist
aber das Gegenteil!*

*Geübte DDR-Leser können aus dem jeweils anwesenden Polit-
büromitglied ersehen, welchen Stand der einzelne Bezirk in der Planerfüllung, im letzten Wahlergebnis, bei der Werbung von Soldaten
auf Zeit, der Anwesenheit beim Parteilehrjahr usw. hat. Auch für Sie
ist das jetzt wichtig. Also Faustregel: Je besser die Ergebnisse, um so
höher der Ehrengast. Beim Spitzenreiter weilt Genosse Honecker,
beim Schlußlicht ein Kandidat des Politbüros. Das können Sie sich
leicht merken.*

»Neues Deutschland« vom 19. Oktober 1989:

Im Spiegel der Presse

Internationale Reaktionen auf die Maßnahmen des 10. Oktober

Warschau (ADN/ND) »Das gesamte polnische Volk ist erleichtert,
daß noch rechtzeitig die friedenssichernden Maßnahmen eingeleitet
werden konnten«, schreibt die polnische Zeitung »Tribuna Ludu«.

Hanoi (ADN/ND) Die Hanoier Zeitung »Nhan Dan« verweist in
einer Stellungnahme darauf, »daß die Hilfeleistung der sozialistischen

Länder im Dienste des hohen Zieles des Kampfes gegen die imperialistischen Machenschaften« erfolgt sei.

Montevideo (ADN/ND) Die Zeitung der kommunistischen Partei Uruguays »El popular« betont: »Wir sind sicher, daß die UVR vor Kapitalismus und Faschismus gerettet und der Weltfrieden gesichert wird.«

Santiago (ADN/ND) »Die KP ist der Ansicht, daß das Schlimmste, was passieren könnte, die passive Zulassung der Wiederherstellung der kapitalistischen Ausbeutung in Ungarn wäre.«

Buenos Aires (ADN/ND) Die KP Argentiniens hebt in einer Erklärung hervor, daß dieser entscheidende Schritt »ein Ausdruck der unverbrüchlichen Treue zum Marxismus-Leninismus und zum proletarischen Internationalismus« ist.

Rom (ND) Frederico Mazotti, Bürgermeister von Fusignano in Italien, erklärte: »In diesen Maßnahmen sehe ich einen Beitrag für Sicherheit in Europa und den Frieden in der Welt.«

Amsterdam (ADN) Gustaaf Lauwers, Mitglied des Friedenskomitees von Hoboken (Holland) äußerte: »Die ungarische Räterepublik wurde zerschlagen. Damals gab es noch keine sozialistischen Länder, die dem entgegenwirken konnten. Ich bin glücklich, daß es sie heute gibt, die jeden Versuch, das Rad der Geschichte zurückzudrehen, vereiteln werden.«

New York (ADN/ND) Die KP der USA erklärt: »Wir verfügen noch nicht über alle Fakten, um klar zu verstehen, ob es eine Alternative zu diesem Schritt gegeben hat. Jedoch erscheint uns als einer Partei, die im Zentrum des Weltimperialismus wirkt, daß es der verhängnisvollste Fehler wäre, die Gefahr eines gegen die Sowjetunion gerichteten Umsturzes in Ungarn zu unterschätzen.«

»Neues Deutschland« vom 5. November 1989:

Kunst ist Waffe

Beeindruckende Kundgebung von Kunst- und Kulturschaffenden sowie Vertretern der Intelligenz auf dem Berliner Alexanderplatz

(ADN) Am 4. November verabschiedeten auf einer eindrucksvollen Manifestation die Künstler der Hauptstadt der DDR eine Resolution für den Frieden.

In seiner Eröffnungsrede betonte das Mitglied des Politbüros der SED und Erste Sekretär der Bezirksleitung Berlin, Genosse Günther Schabowski, die Einheit und Geschlossenheit des Handelns der sozialistischen Staatengemeinschaft. Die überwältigende Zustimmung der Bevölkerung zu diesen Maßnahmen künde von der unzertrennlichen Einheit von Partei und Volk. Besonders die Leipziger Genossen hätten sich als Schrittmacher der Willensbekundungen hohe Verdienste er-

Mitglieder der Partei- und Staatsführung gemeinsam mit dem Berliner Oktoberklub auf der Manifestation am 4. November 1989 auf dem Berliner Alexanderplatz

worben. Er werde dem Politbüro auf seiner nächsten Sitzung vorschla-
gen, Leipzig den Ehrentitel »Heldenstadt« zu verleihen. Dieser Vorschlag sowie die weiteren Ausführungen des Genossen Schabowski
fanden die begeisterte Zustimmung der über eine Million anwesenden
Kundgebungsteilnehmer.

Ebenfalls mit starker Zustimmung aufgenommen wurden die Ausführungen des vor kurzem wiederberufenen stellvertretenden Ministers
für Staatssicherheit, Genossen Markus Wolf, der die durch die Maßnahmen des 10. Oktober zerschlagenen Invasionspläne der NATO
erläuterte und anprangerte.

Der stellvertretende Vorsitzende des Staatsrates der DDR und Vorsitzender der LDPD, Manfred Gerlach, brachte im Namen der befreundeten Parteien und Massenorganisationen die Abscheu über die verbrecherischen Pläne der NATO sowie die Zustimmung breitester Be-
völkerungsschichten, auch der Handwerker und Gewerbetreibenden,
zur Politik des 10. Oktober zum Ausdruck.

*(Rechts neben E. Honecker der Leiter des Schöpferkollektivs dieses Werkes,
R. Andert, beim gemeinsamen Gesang des Liedes: »Klappe zu, der Affe tot,
tapfer lacht das Morgenrot«)*

Der Vorsitzende des Berliner Rechtsanwaltkollegiums, Rechtsanwalt Genosse Dr. Gregor Gysi, berichtete vom erfolgreichen Kampf unserer Rechts- und Sicherheitsorgane gegen sogenannte Bürgerrechtler, die als eingeschleuste und vom Westen bezahlte Agenten die Großzügigkeit der Gesetze der DDR mißbrauchten und denen nach ihrer Enttarnung nun das Handwerk gelegt werden konnte.

Die Künstler Stefan Heym, Christa Wolf, Steffi Spira und Heiner Müller brachten mit selbstverfaßten Texten ihre Zustimmung zu den friedenserhaltenden Maßnahmen zum Ausdruck.

Die Schauspielerin Steffi Spira rief, gestützt auf ihre jahrzehntelange Lebens- und Kampferfahrung, vor allem den Jüngsten zu, im Pionieraufgebot »Pusztaflamme« durch erhöhte Lernbereitschaft sowie interessante und lebensnah gestaltete Pioniernachmittage noch größere Taten für ihre sozialistische Heimat zu vollbringen.

Kulturell umrahmt wurde diese beeindruckende Manifestation von Mitgliedern des Berliner Oktoberklubs, die mit ihrem Lied »Klappe zu, Affe tot, tapfer lacht das Morgenrot« Heiterkeit und wahre Beifallsstürme ernten konnten.

3. Kapitel
»Wer zu spät kommt...«
Zur Krisensituation in der ehemaligen BRD bis zur Wende am 10. Oktober 1989

Sicher werden Sie selbst die rasante Talfahrt der BRD-Gesellschaft 1989 hautnah miterlebt haben. Es kann aber möglich sein, daß Sie persönlich nicht so unmittelbar davon betroffen waren wie Millionen anderer Ihrer Mitbürger. Dann hatten Sie Glück, aber es geht hier um einen Gesamtüberblick. Eine kleine Auswahl aus der DDR-Presse, die im September/Oktober 1989 die unhaltbaren Zustände in der ehemaligen BRD geißelte. Daran sollten Sie immer denken, wenn es Ihnen heute beim Aufbau nicht so zügig voranschreitet, wie Sie sich das in Ihrer revolutionären Ungeduld manchmal wünschen.
Bedenken Sie bitte stets, welch schweres Erbe die DDR übernehmen mußte!

Beweise, die man nicht vergessen sollte!

ND vom 19. September 1989, S. 1:
> 12.000 ohne Dach überm Kopf
> Sie leben auf Parkbänken, in Grünanlagen und auf Hausböden
> 3.000 ständig auf der Sraße
> Obdachlosigkeit so hoch wie noch nie

ND vom 21. September 1989, S. 5:
> Akuter Wohnungsmangel in der BRD treibt immer mehr Menschen in Not
> Miete verschlingt bis zu 50 Prozent des Einkommens
> Für »unteres Drittel« unbezahlbar
> Bürger in Berlin (West) noch kräftiger zur Kasse gebeten
> Teurer: Wasser, Abwasser, Straßenreinigung, Müllabfuhr
> Pfandleihen stehen hoch im Kurs
> Versatzämter verzeichnen enorme Umsatzsteigerungen
> Minister räumt ein: von kinderfreundlichem Klima kann in der BRD nicht die Rede sein

Akuter Wohnungsmangel in der BRD treibt immer mehr Menschen in Not

Miete verschlingt bis zu 50 Prozent des Einkommens / Für „unteres Drittel" unbezahlbar

Hamburg (ADN). Der akute Wohnungsmangel in der BRD treibt immer mehr Menschen in Not. Betroffen davon sind vor allem einkommensschwache Familien, Rentner, Dauerarbeitslose und alleinerziehende Mütter. Für das, so die Zeitschrift „Der Spiegel", „untere Drittel der Gesellschaft" ist die W... zahlbar geworden. kommensverteilun... weitgeöffnete Sche... leren 40 Prozent ... tbenskala müßten ... 30 Prozent ihres Ei... die Wohnung aufw... len Fällen würden ... schon bis zu 40 Pr... benutzerhalts gez... then sei sogar ... „Ur...

Großstädten gegenwärtig mit / Prei... zweistelligen Prozentraten ... gen. Schon End... Preise für me... nungen in Stut... zent und in Fr... um 17,3 Prozen... jahresniveau ...

Mietwucher trieb Rentner in den Tod

Stuttgart (ADN). Der 69jährige Rentner Otto K. aus Stuttgart hat aus Verzweiflung über eine drastische Mieterhöhung Selbstmord ... Mitwoch hervor. Sta... ... DM sollte der Ma... ... Verkauf des Hauses an Alexanderstraße ... hätti... un 870 DM Miete... immer-Dachwohn...

Dramatische Wohnungsnot in Universitätsstädten der BRD

Studenten hausen in Zelten, Mensen und Fabrikhallen

... (Main) (ADN). Die ...nungsnot in der BRD ...

...diglich 136 000 öffentlich geförderte Unterkünfte zur Verfügung. Eine „Matratze in der Mensa ist ein Glücksfall", charakterisierte ... Neue Rhein Zeitung" die be... Lage. ...000 DM für ein ...

Evangelischer Würdenträger der BRD:
„Ellenbogengesellschaft" läßt Arme noch ärmer werden

Düsseldorf (ADN). Der Präsident des Evangelischen Kirchentages der BRD und frühere Bundesrat hat in Düsseldorf vor den sozialdarwinistischen Ungleich... „Ellenbogengesellschaft" in der BRD gewarnt. Simon, der aus läßlich des 40. Gründungstages des DGB mit dem Hans-Böcklerpreis ausgezeichnet wurde, kon... tierte eine Kluft zwischen Ver... ... „Verfassungs-...

nicht erkennen, daß bei der letzten Steuerreform oder im Blick auf die Rentenfinanzierung die Verteilung des Wohlstandes in der BRD nach den Geboten des Sozialstaates gerecht vorgenom... men worden wäre. Statt dessen erlebe man Angriffe auf das verteilte soziale Netz. „Wortführer sind, so kann das nicht ohne Bitterkeit sagen, ...jene, deren eigener Lebensstil nichts zu wünschen übrig läßt und noch ...der Bestrebungen auch noch ...

Drogenhändler spritzen Bremer Kindern Heroin

Bremen (ADN). Skrupellos... Drogenhändler führen in Bremen einen Krieg gegen Kinder. ... teilte die Kriminalpolizei ... Hanseslädt ... jünger. Zwei ... waltsam zer...

Berlin (West): Neonazis verstärken Aktivitäten

Berlin (West) (ADN). Vor dem ... weiteren Erstarken der neonazi... stischen „Republikaner" in Berlin (West) hat der stellvertretende DGB-Vorsitzende der Stadt, Horst Jäckel, gewarnt. In einer Erklärung zum Einzug eines „Republikaners" in den Beirat für polizei... „Ängstliche Bildung betont Jäckel, ... Neonazis. Allein in diesem Jah... Rund um die Gedenkstätten Pl Rosa Luxemburg der ... Karl Liebknecht-Denkmal mehrfach ...

DGB-Vorsitzender Ernst Breit:
Aufruf zu Aktionsbündnis gegen Neonazis in der BRD

Justiz stellte Ermittlungen gegen Wehrsportgruppe ein

Düsseldorf (ADN). Zu einem Aktionsbündnis gegen die neonazistischen „Republikaner" hat der DGB-Vorsitzende ... aufgerufen. ...

...nwaltschaft von Gh... ihre Ermi...

Jeder zweite Hau... in der BRD mit üt... 15 000 DM versc...

Bonn (ADN). „Angst... Hale lauern: Immer ... ken in Deutschlands ... Frankfurter ... Donnerstag über die zensee, das ... Kreditaufnahme ... wirksame in d... Haushalte. Auf ... Jetzt kaufen ... verführten me... desbürger zur ... derartige Kr... liarden DM ir... März dieses ... liarden DM ... Leben auf P... dazu getüh... Haushalt ... ...000 I

12 000 Westberliner ohne Dach überm Kopf

Sie leben auf Parkbänken, in Grünanlagen und auf Hausböden / 3000 ständig auf der Straße / Obdachlosigkeit so hoch wie noch nie

Bundesarbeitsgericht hob zwei Berufsverbote formal auf

Lehrer waren jahrelangem Gesinnungsterr...

Haus verkauft. meldete Eigen... ...nung an. Erika s — und fand ...

für billige Wohnungen ist dicht", sagt Peter Bock. Auch in den 14 städtischen Hei... men ist kein Platz...

Kassel (ADN). Nach fast siebenjähriger Verfahrensdauer wurden am Donnerstag in Kassel vom Bundesarbeitsgericht die Berufsverbote gegen die der DKP angehörenden Lehrer Rolf Schön und Heinz-Udo Lammers formal aufgehoben. Das Gericht bestätigte in dritter und letzter Instanz die Entscheidung des niedersächsischen Landesarbeitsgerichts, nach der das BRD-Land Niedersachsen zur Wiedereinstellung beider „Pädagogen" verpflichtet worden war. Der 40jährige Berufsschullehrer Rolf Schön aus Gifhorn und der 36jährige Grundschullehrer

„40 Jahre Grund verbote endlich grüßten Freunde werkschafter un... Niedersächsische tees gegen die E belden Pädagoge seler Gerichtse unmittelbar vor beginn zahlreic eingegangen wa troffenen weiter sicherten. Den achtern war su die Französische tees gegen Berui BRD Cecile Hug am Rande des I

Vor dem Hintergrund sozialer Probleme
Pfandleihen stehen in der BRD wieder hoch im Kurs

Versatzämter verzeichnen enorme Umsatzsteigerungen

Bonn (ND). Vor dem Hintergrund wachsender sozialer Probleme verzeichnen derzeit die Pfandleihen in der Bundesrepublik einen enormen Zulauf. Schätzungen des Zentralverbandes des Deutschen Pfandkre-

Wie dpa in einem Bericht schrieb, werden die „Rettungsanker zur Überbrückung finanzieller Engpässe" von den Kunden genutzt, weil sie „hier auf die Schnelle, ohne Bürgen, ohne Lohnbescheinigung oder Gehalts...

ND vom 22. September 1989, S. 1:
In der BRD fehlen rund 500.000 Kindergartenplätze

ND vom 22. September 1989, S. 5:
Drogenhändler spritzen Bremer Kindern Heroin

ND vom 25. September 1989, S. 1 u. 5:
Bereits 170 Drogentote in Nordrhein-Westfalen
Gewerkschafter über die soziale Wirklichkeit in der BRD: Rette-
sich-wer-kann-Gesellschaft
Massenarbeitslosigkeit und Wohnungsnot sind Hauptprobleme

ND vom 26. September 1989, S. 6:
Als »Sonderangebot« verramscht...
»Zustände wie im vorigen Jahrhundert« bei BRD-Leiharbeitsfirmen
aufgedeckt
Menschenhandel mit superbilligen Arbeitskräften als neues Super-
Profitgeschäft

ND vom 29. September 1989, S. 1 u. 5:
Wo Dörfer lautlos sterben
»...Zukunftsgewißheit. Bei diesem Gedanken erinnert man sich der
jüngsten Angaben des BRD-Bauernverbandes. Seit 1949 mußten
981.000 Landwirte ihre Hof- und Stalltore für immer schließen. Von
den existierenden Höfen steht jeder dritte vor dem Bankrott. Mit dem
Hof aber stirbt das Dorf.«
Jeder zweite Haushalt in der BRD mit über 15.000 DM verschuldet.

ND vom 5. Oktober 1989, S. 1:
In der BRD: nach wie vor 4 Millionen Arbeitslose

Damit Sie das Nächste richtig verstehen, hier eine kurze Einführung:
Ein Grundgesetz des historischen Materialismus behandelt die
Dialektik von Ursache und Anlaß. Einfach ausgedrückt: Jeder Krieg
hat einerseits Ursachen und andererseits einen konkreten Anlaß.
Nehmen wir zwei Beispiele – die letzten Weltkriege. Zweimalige
Ursache: imperialistische Krise. (Vereinfacht!)
Die Anlässe: 1. Weltkrieg – Mord in Sarajevo
2. Weltkrieg – Angeblicher polnischer Überfall auf
den Sender Gleiwitz.
Genauso war es bei der Herbstrevolution in der ehemaligen BRD.
Ursachen: Der Versuch des Kapitals, die Krise auf die Schultern

der Werktätigen zu laden. Ergebnis: Der Zusammenfall von zyklischer und Strukturkrise verursacht Arbeitslosigkeit, Wohnungsnot, Obdachlosigkeit, Sinnkrise.

Anlaß: Brutale Polizeiaktion in Köln, bei der Antifaschisten zusammengeknüppelt wurden. Anschließende Montagsdemo in Köln. Das war also nur der Funken, aus dem die Flamme der Revolution das Faß zum Überlaufen brachte.

ND vom 17. Oktober 1989, S. 1:

Weitere Kurseinbrüche an westlichen Aktienmärkten
Börse in Frankfurt (Main):
Größter Sturz in der Geschichte

Tokio/Frankfurt(Main)/NewYork(ADN). Die Kursrückgänge an den westlichen Aktienmärkten haben sich am Montag fortgesetzt. »Verkaufen« war zwischen Tokio und New York die Order des Tages. Ausgelöst durch den heftigen Kurseinbruch an der Wallstreet vom Wochenende, kam es zunächst an den Börsen des asiatisch-pazifischen Raumes teilweise zu Panikverkäufen. Sie führten in einigen Ländern zu einem Verfall des spekulativen Aktienwertes um fast zehn Prozent.

So sank in Tokio der aus den 225 wichtigsten Aktien berechnete Nikkei-Index um 1,9 Prozent. In Hongkong betrug der Einbruch 4,8 Prozent, in Sydney 8,1 Prozent, in Singapur 9,2 Prozent und im neuseeländischen Wellington elf Prozent. Die Kursverluste setzten sich im Laufe des Tages auch an allen westeuropäischen Börsen fort. In London, dem größten Wertpapiermarkt Westeuropas, lag der Verlust des Financial-Times-Index für 100 führende Aktien zu Börsenschluß bei rund sieben Prozent. Die Börse in Frankfurt (Main) verzeichnete den größten Einbruch ihrer Geschichte. Der Deutsche Aktienindex (DAX) verfiel um 12,8 Prozent.

Nach Beobachtungen von Bankenvertretern sind vor allem Kleinanleger aus ihrem Aktienbesitz ausgestiegen und hatten ihre Wertpapiere »waschkörbeweise« angeboten. Auch der Kurs des US-Dollar ging im Gefolge der Aktienturbulenzen zurück. Er wurde in Frankfurt mit 1,84 DM um fast sechs Pfennig niedriger als am vergangenen Wochenende notiert. Ebenfalls unter Druck geriet das britische Pfund.

Der Kurseinbruch an der Wallstreet war am Freitag offenbar durch die Nachricht der fehlgeschlagenen Finanzierung für die Übernahme einer großen USA-Luftfahrtgesellschaft durch eine andere Firma ausgelöst worden.

Zahlreiche Aktienbesitzer werteten die Verweigerung von Bankmitteln für den Kauf der Gesellschaft als Zeichen für eine künftige Katastrophe.

»Neues Deutschland« vom 18. Oktober 1989:

Neonazis verstärken Aktivitäten

Berlin (West)/ADN: Vor dem weiteren Erstarken der neonazistischen »Republikaner« in Berlin (West) hat der stellvertretende DGB-Vorsitzende der Stadt, Horst Jäckel, gewarnt. In einer Erklärung zum Einzug eines »Republikaners« in den Beirat für politische Bildung betont Jäckel, es häuften sich die Aktivitäten der Neonazis. »Allein in diesem Jahr wurden die Gedenkstätten Plötzensee, das Rosa-Luxemburg-/Karl-Liebknecht-Denkmal und die Putlitzbrücke mehrfach geschändet.

Während die Polizei Aufmärsche der Neonazis beschützt,
werden Antifaschisten brutal zusammengeknüppelt.

»Neues Deutschland« vom 18. Oktober 1989:

Polizei knüppelte in Köln Hunderte Antifaschisten brutal zusammen

Köln/ADN: Von einem Massenaufgebot der Polizei sind in der Nacht zum Donnerstag in Köln rund 350 Antifaschisten brutal zusammengeschlagen worden, als sie vor einem Versammlungslokal der »Republikaner« gegen die Neonazis demonstrierten. Augenzeugen berichteten, daß eine Sondereinheit von Polizisten in Drillichanzügen und Helmen in geschlossener Front auf die friedlich Demonstrierenden zustürmte, um den Zugang für die Neonazis freizuknüppeln. Wahllos wurden Demonstranten aus der Menge herausgezerrt.

Jeweils sechs bis acht Polizisten fielen über einen Antifaschisten her, verprügelten die am Boden wehrlos Liegenden und traktierten sie mit Fußtritten. Selbst ältere Einwohner, die den Verletzten zu Hilfe eilten, wurden niedergeknüppelt. Dieses brutale Vorgehen forderte zahlreiche Verletzte, 28 Antifaschisten wurden von dem Sondereinsatzkommando festgenommen. Selbst die amerikanische Nachrichtenagentur AP spricht von einem »Polizeikessel«. Die Polizei habe dabei »wahllos auch auf Passanten eingeknüppelt«.

»Neues Deutschland« vom 20. Oktober 1989:

Festliche Uraufführung

(ADN/ND) Am gestrigen Donnerstag, dem 19. Oktober, fand im Filmtheater »Kosmos« die festliche Uraufführung des Dokumentarfilmes »... und der Laie wundert sich« aus dem DEFA-Studio Heumann & Schugowski statt.

Herzlich begrüßte Gäste waren das Mitglied des Politbüros und Sekretär des ZK der SED, Genosse Kurt Hager, das Mitglied des Politbüros und Sekretär des ZK der SED, Genosse Joachim Herrmann, das Mitglied des ZK und Vorsitzender des Staatlichen Komitees für Fernsehehen der DDR, Genosse Heinz Adameck, sowie das Mitglied des ZK der SED und Minister für Kultur, Genosse Hans Joachim Hoffmann.

Das Publikum dankte den beiden Dokumentarfilmkünstlern mit langanhaltendem Applaus.

Die Filmgesellschaft Heumann & Schugowski ist berühmt durch *ihre Entlarvungsstreifen kapitalistischer Mißstände. Heute entstehen dort Filme über den sozialistischen Aufbau.*

Um aber damals unbehindert in der Höhle des Löwen agieren zu können, mußten oft Tarnmaßnahmen angewendet werden. H&S trat als Privatfirma auf, man benutzte westliches Filmmaterial und ließ es auch dort entwickeln. Man besorgte sich listig und bisweilen unter Einsatz des Lebens Drehgenehmigungen. Die Akteure mußten, falls einmal ihr Gepäck durch imperialistische Geheimdienste durchschnüffelt werden sollte, sogar den letzten Sockenhalter aus nichtsozialistischer Produktion tragen. Welche Opfer, welche Gefahren! Aber ihre Filmpremieren sind stets Höhepunkte des gesellschaftlichen Lebens.

»... und der Laie wundert sich«
Ein neuer Streifen aus dem Studio H&S

Erleichterung, aber auch Ärger war auf den Gesichtern in der Runde zu lesen, als der »Kellner« mit der richtigen Karte kam: Schnitzel für 19,50 DM, ein Bier 3,50 DM. Da war ihre Welt wieder in Ordnung. Wieviel Verwirrung hatte sie ausgelöst, diese Speise- und Getränkekarte aus der DDR!

Geschickt hatten die beiden »Kellner« Heumann und Schugowski in der vorangegangenen Szene das Signet »HOG-Freundschaft« mit »Zum Weißen Roß« überklebt und sie den Gästen dieses Kölner Restaurants überreicht. »Dat is doch nit möglich!« rief einer der Gäste in seinem typischen rheinischen Dialekt, »da is sicher dat Komma verwechselt!« Kopfschütteln und erstaunte Gesichter wurden da von der versteckten Kamera eingefangen.

Nächste Szene: in der Straßenbahn. »Sie haben sich geirrt«, belehrte die ältere Dame den »Fahrer« und versuchte, ihm die drei Mark aufzudrängen. »Nein«, entgegnete dieser, »eine Fahrt kostet nicht mehr 3 Mark 20, sondern ab heute nur noch 20 Pfennige!« Auch hier wieder erstauntes Kopfschütteln, bis sie beim Aussteigen, von der Kamera eingefangen, die Wahrheit erfuhr.

Die Bürger Westdeutschlands können es nicht glauben, daß solche normalen Dinge wie eine Straßenbahnfahrt oder der Besuch einer Gaststätte für jeden bezahlbar sein könnten. Aber auch uns, den Bürgern der

DDR, fällt es nach diesem Streifen wie Schuppen von den Augen: Betrachten wir diese Errungenschaften nicht viel zu oft schon als ganz normal, als selbstverständlich? Erst der Vergleich mit der gestrigen Gesellschaftsordnung bringt uns dies wieder deutlich ins Bewußtsein. Geborgenheit und soziale Sicherheit sind eben nicht selbstverständliche Dinge. Sie erfordern unsere ganze Kraft, unser tagtägliches Ringen um die Erfüllung unserer Pläne.

Nur so werden wir auf Dauer diese Erfolge sichern können. Nur so werden, wie in der BRD, die langen Schlangen auf dem Arbeitsamt, die bittenden Augen der Kinder, die ausgestreckten Hände der Bettler und Obdachlosen auf den Bahnhöfen, die sich uns in diesem Film so beeindruckend entgegenstrecken, für uns düstere Bilder der Vergangenheit bleiben.

Die Filmschöpfer haben mit diesem Werk wieder einmal mehr bewiesen, wie sie es mit filmischen Mitteln vermögen, durch die Analyse der kapitalistischen Gesellschafts-un-ordnung deren menschen-

Filmpremiere im »Kosmos« des neuen Streifens aus dem Studio H & S

Szene aus
»...und der Laie
wundert sich«

verachtenden Charakter zu entlarven. Bei den Zuschauern der DDR aber weckte dieser Streifen ein Gefühl der Erleichterung, Stolz auf das Erreichte – das freilich noch nicht das Erreichbare ist –, Empfindung von Glück, in einer sozialistischen Gesellschaft leben zu dürfen. So war der langanhaltende Beifall des Publikums für die Filmschöpfer nach der Premiere mehr als verständlich.

4. Kapitel
»...den bestraft das Leben«
Die ehemalige BRD – von der Wende bis zur Einheit

 Die Richtung, in der sich das Rad der Geschichte bewegte, wurde immer klarer: von West nach Ost! Das Kapital sah seine goldenen Felle davonschwimmen. »Ex oriente lux«, meinte die werktätige Masse, »Schluß mit dem orientalischen Luxus!«

Werktätige bekunden nach den verbrecherischen Anschlägen spontan ihre Solidarität mit den Organen der Grenzsicherung am Brandenburger Tor

Was tun? In seiner Verzweiflung dingt das Kapital verblendete *Jugendliche, die mit Steinwürfen gegen den antifaschistischen Schutzwall eine militärische Auseinandersetzung provozieren wollen!*
Wollten diese Kräfte damit vielleicht die Gefahr eines Atomkrieges heraufbeschwören?
Die DDR sichert erneut den Frieden und macht von ihrem souveränen Recht Gebrauch. Sie zieht die Konsequenzen:

»Neues Deutschland« vom 21. Oktober 1989:
Erneuter Anschlag auf die DDR-Staatsgrenze
Steinwürfe auf Grenzsoldaten am Brandenburger Tor

Mitteilung des Ministerrates der DDR
(ADN) Der Ministerrat der DDR gibt bekannt, daß seit dem 22. Oktober 1989, 24 Uhr, neue Einreiseregelungen für das Territorium der DDR in Anwendung gebracht werden müssen. Die Regierung der DDR machte von ihrem souveränen Recht Gebrauch und schloß die Grenzübergangstellen zur BRD und der selbständigen politischen Einheit Westberlin. Für Einreisen in das Territorium der DDR bzw. Transitreisen durch das Gebiet der DDR benötigen Bürger der BRD einen gültigen Reisepaß sowie ein von der Botschaft der DDR in der BRD ausgestelltes Einreise- bzw. Transitvisum, welches ausschließlich nur in dringenden Familienangelegenheiten erteilt werden kann.

»Berliner Zeitung« vom 23. Oktober 1989:
Tante Mathilde aus Oßmannstedt...

Als Folge der veränderten Einreisebedingungen in die DDR herrscht in den Konsularabteilungen der Botschaften der DDR in Bonn, Brüssel und Paris ein reger Besucherverkehr. Ein Bericht unseres nach Bonn entsandten Sonderkorrespondenten Harry Kühnreich:
Selbst mein »Wartburg« mit DDR-Kennzeichen nützte nichts. Die von einem großen Aufgebot Bonner Polizei weiträumig abgesperrte DDR-Botschaft war auch für mich nur zu Fuß zu erreichen. Schon von weitem sah man vor unserem Botschaftsgebäude eine riesige Menschenmenge. Tausende drängten sich auf der Straße vor dem Haupteingang. Mein DDR-Journalistenausweis öffnete mir eine kleine Seitenpforte, und so saß ich bald dem Presseverantwortlichen der Konsu-

larabteilung unserer Botschaft, Genossen Meckel, gegenüber. Er erläuterte, daß alles getan werde, um eine zügige Bearbeitung der vielen Anträge zu gewährleisten.

Berücksichtigt werden aber können auf Grund der besonderen Bestimmungen nur solche Gesuche, bei denen es sich um Verwandte ersten Grades, in Ausnahmefällen auch zweiten Grades, handele, die ein wichtiges Familienereignis wie Geburt, Tod, Eheschließung bzw. einen runden Geburtstag ab dem 50. Lebensjahr begingen. Dem Antrag müsse eine persönliche Einladung beigefügt sein, die vom Rat der Gemeinde und dem Volkspolizeikreisamt bestätigt sei. Der verständliche Wunsch vieler Bürgerinnen und Bürger der BRD, die DDR zu besuchen, werde aber, so habe sich in letzter Zeit herausgestellt, von gewissenlosen Kräften in der BRD zu Profitzwecken schamlos mißbraucht. Dadurch habe sich die Anzahl der Antragsteller sprunghaft erhöht und habe zu solch einer Situation geführt, wie ich sie hier in Bonn erleben mußte.

In jüngster Vergangenheit seien so fingierte Einladungen mit gefälschten Bestätigungen eingegangen, die nach einer Überprüfung zu-

Die Freude ist diesen BRD-Bürgern aufs Gesicht geschrieben: Nach langem geduldigen Warten vor den Visastellen endlich ein Einreisevisum in die Deutsche Demokratische Republik!

rückgewiesen werden mußten. So wollte eine Bürgerin aus Wuppertal ihre angebliche Tante Mathilde W., die ihren 60. Geburtstag beginge, in Oßmannstedt bei Weimar besuchen. In Wirklichkeit aber, so stellte sich bei einem späteren Gespräch mit der Antragstellerin heraus, wollte sie als Deutschlehrerin die Gedenkstätten der deutschen Klassik in der Stadt Weimar, das Goethe- und Schillerhaus, besuchen. Eine Tante Mathilde nämlich, so wurde bei einer stichpunktartigen Überprüfung festgestellt, gab es in diesem Ort überhaupt nicht. Da aber nicht alle Anträge so gewissenhaft überprüft werden könnten, seien Mißbräuche eben nicht auszuschließen. Solche Fälle würden dann, so betonte Genosse Meckel, bei den Anmeldeformalitäten in den Kreisämtern der Volkspolizei den Eingereisten viel Ärger bereiten. Er bitte deshalb alle Bürger der BRD in ihrem eigenen Interesse, von solchen mißbräuchlichen Anträgen Abstand zu nehmen. Dadurch würde sich dann auch die Situation in der Konsularabteilung und auf dem Gelände um unsere Botschaft wieder normalisieren.

»Neues Deutschland« vom 23. Oktober 1989:

Polizei knüppelt erneut in Köln Hunderte Antifaschisten zusammen

* ★ **Zahlreiche Verletzte**
* ★ **28 Festnahmen**
* ★ **Neonazis geschützt**

»Neues Deutschland« vom 23. Oktober 1989:

Aktion gegen Einzug der »Republikaner« ins Kölner Rathaus

»Neues Deutschland« vom 24. Oktober 1989:

Anträge auf Übersiedelung in die DDR

»In der Ständigen Vertretung der DDR in der BRD in Bonn gehen zunehmend Anfragen von BRD-Bürgern nach Übersiedlung in die DDR ein«, teilte Konsul Günter Lampat mit. Er sagte, an diesem Wochenende hätten sich mehr als 50.000 Personen mit diesem Anliegen an die Vertretung gewandt.

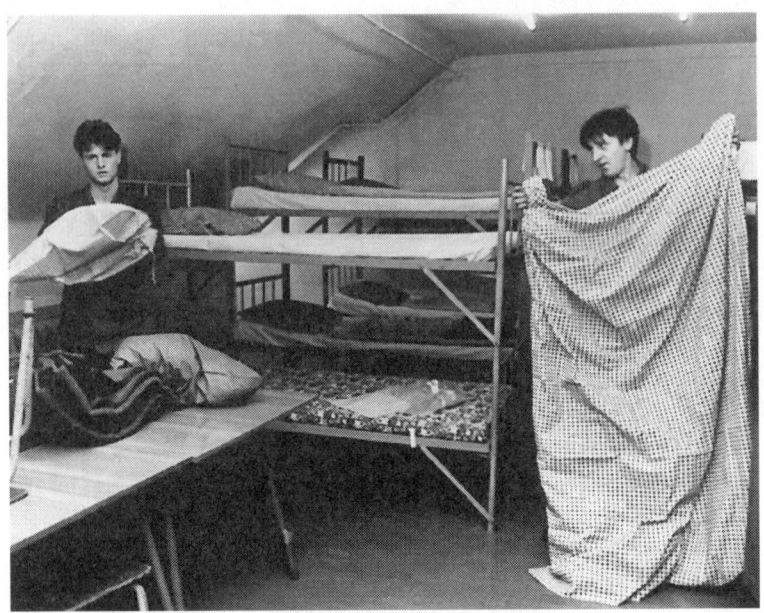

Angehörige der NVA bereiten menschenwürdige Unterkünfte für die Übersiedler aus der BRD vor

Der Aufbruch
Chronik der Ereignisse vom Oktober 1989 (Auswahl)

MONTAGSDEMO IN KÖLN MIT ETWA 120.000 TEILNEHMERN

(16. Oktober 1989)

Im Krankenhaus »St. Lutger« sowie in weiteren Einrichtungen und Betrieben werden politische Dialoge zu Fragen der gesellschaftlichen Entwicklung organisiert. *(16. Oktober 1989)*

In diesen Tagen geben mehrere antifaschistische Initiativgruppen ihre Gründung bekannt. Es handelt sich dabei um solche Vereinigungen wie »Demokratische Gewerkschaft – jetzt erst recht«, »Realistische Plattform der CSU«, »Gruppe Stamokap-SPD«, »Antifaschistischer Aufbruch«, »Allianz für Vernunft«, »Wiederherstellung der Demokratie-KPD« »Jesus lebt – komm zu uns« u. a. *(Mitte bis Ende Oktober 1989)*

Auftakt zu Foren an der Kölner Universität: In drei überfüllten Hörsälen stellen sich Hochschullehrer dem offenen Gespräch zu überfälligen Problemen der Zeit. *(16. Oktober 1989)*

Der »Kölner Express« veröffentlicht eine Erklärung von Mitarbeitern des Verlages Kiepenheuer & Witsch, in der es u. a. heißt:
»Der Verlauf der nicht genehmigten Demonstration zehntausender Bürger am Montag in Köln hat bewiesen, daß hier in dieser Stadt überwiegend besonnene Menschen auf die Straße gingen, deren Ziel es keineswegs ist, die freiheitlich-demokratische Grundordnung zu destabilisieren, sondern die – im Gegenteil – den Dialog über die in unserem Land vorhandenen Probleme zwischen allen Mitgliedern der Gesellschaft für dringend erforderlich halten.
(17. Oktober 1989)

DPA veröffentlicht eine Mitteilung der Presseabteilung des Bonner Innenministeriums. Darin wird informiert, daß es in den letzten Tagen in mehreren Städten der BRD zu Störungen der öffentlichen Ordnung und Sicherheit gekommen sei.
Dabei hätten Randalierer, aufgeputschte Störer und kriminelle Elemente staatsfeindliche Parolen gerufen und die im Ordnungseinsatz befindlichen Polizisten tätlich angegriffen. Sie warfen mit Steinen, Flaschen und Brandsätzen und schlugen brutal und rücksichtslos mit Stahlstangen auf die Ordnungskräfte ein.
(17. Oktober 1989)

In einer Erklärung der Bundesregierung wird hervorgehoben: »Wer verantwortungslos Ruhe und Ordnung stört, der muß sich fragen lassen, wessen Geschäft er betreibt und für wen er bereit ist, die Sicherheit von Bürgern, ihrer Familien und nicht zuletzt ihrer Kinder aufs Spiel zu setzen... Wir sagen auch offen, daß wir gegen Vorschläge und Demonstrationen sind, hinter denen die Absicht steckt, Menschen irrezuführen und das verfassungsmäßige freiheitlich-demokratische Fundament unseres Staates zu verändern.« *(18. Oktober 1989)*

Auf einer Sondersitzung des Kabinetts der Bundesregierung sowie der Parteivorstände von CDU/CSU sowie der F.D.P. werden Helmut Kohl (»aus gesundheitlichen Gründen«), Jürgen Möllemann (Wirtschaftsminister), Kanzleramtsminister Seiters und Innenminister Schäuble (beide zuständig für die gesamte Medienpolitik) von ihren Funktionen entbunden; der neugewählte Bundeskanzler und Vorsitzende der CDU, Norbert Blüm, wendet sich mit einer Rede an die Bürger der BRD, in der es u. a. heißt: »Eine Partei wie die CDU hat keine anderen Interessen als das Volk. Wenn es um dessen Geschicke geht, zählt vor allem der Mut zur Wahrheit, zählen Überzeugungskraft und Standhaftigkeit. Dazu bekennen wir uns erneut. Unser Gesicht ist dem Volke zugewandt. Unsere Bundesrepublik Deutschland war, ist und wird künftig mehr denn je ein demokratisches Gemeinschaftswerk aller Schichten unseres Volkes unter Führung unserer Parteien sein... Die breite Entfaltung der freiheitlichen Demokratie in der Bundesrepublik sollte jedoch von niemandem als Freibrief für verantwortungsloses Handeln

Machtvolle Demonstrationen überall: hier im 2 000jährigen Trier

1 *Selbst die Jüngsten fordern demokratische Grundrechte: Abschaffung der Zensur(en) in der Schule!*

2 *Die Demonstrationen: ordentlich, diszipliniert und keine Gewalt!*

mißverstanden oder gar für Gewalt- und Zerstörungsakte mißbraucht werden. Für uns ist klar: Die freiheitlich-demokratische Grundordnung auf deutschem Boden steht nicht zur Disposition.« *(18. Oktober 1989)*

Gespräch zwischen Blüm und Kardinal Meißner über Fragen der aktuellen Situation; letzterer hebt auf einer Pressekonferenz hervor, der Dialog sei »sehr offen und rückhaltlos geführt worden«.
(19. Oktober 1989)

Am Vormittag des 19. Oktober findet ein direktes Telefongespräch zwischen dem Generalsekretär des ZK der SED und Vorsitzenden des Staatsrates der DDR, Genossen Erich Honecker, mit dem neuen Bundeskanzler, Norbert Blüm, statt. Erich Honecker beglückwünscht Norbert Blüm zu dessen Wahl als Bundeskanzler der BRD. Beide Seiten geben der Hoffnung Ausdruck, daß der Frieden erhalten bleibe und versichern nachdrücklich, die Souveränität der jeweils anderen Seite zu respektieren. *(19. Oktober 1989)*

Der Interims-Bundeskanzler Norbert Blüm nach seiner Wahl

Erstmals wird im ARD und ZDF die künftig zweiwöchentliche Fernseh-Live-Sendung »Donnerstag-Gespräch« ausgestrahlt; Politiker und Wissenschaftler antworten auf aktuelle Zuschauerfragen. *(19. Oktober 1989)*

Die im November 1988 verbotene amerikanische Monatszeitschrift »Riger Deagast« wird wieder in den BRD-Vertrieb aufgenommen. *(19. Oktober 1989)*

BRD-weites Koordinierungstreffen von mehr als hundert Vertretern des zu diesem Zeitpunkt etwa 25.000 Mitglieder zählenden antifaschistischen Initiativkomitees in Köln. *(19. Oktober 1989)*

In Bamberg und Saarbrücken (nachfolgend auch in zahllosen weiteren Städten und Gemeinden der BRD an meist festliegenden Wochentagen) finden Massendemonstrationen für die demokratische antifaschistische Erneuerung statt. *(19. Oktober 1989)*

Im »Kölner Express« erscheint eine Willenserklärung der zwölf Kölner Cellisten des dortigen Sinfonieorchesters, in der es heißt: »Laßt uns zu einem sinnvollen Dialog kommen in unserem Lande zwischen allen Mitgliedern der Gesellschaft. Es ist bestimmt sinnvoll für diesen Dialog, wenn auch andersdenkende Menschen, wie beispielsweise Musiker, die Möglichkeit haben, sich öffentlich zu äußern. Wir müssen unsere Probleme beim Namen nennen und dürfen nicht so tun, als gäbe es keine ... Es darf keine Zeit mehr verlorengehen.« *(20. Oktober 1989)*

Disput zwischen Kommunalpolitikern und Vertretern kirchlicher Basisgruppen; Erzbischof Kardinal Meißner erneuert seinen Vorschlag zur Schaffung einer Stätte breiten Dialogs in der Domsakristei. *(21. Oktober 1989)*

In der Presse erscheint eine Erklärung der Mitglieder des Kölner Kabaretts »Dünnes und Scheel«, in der u. a. hervorgehoben wird: » Die Entwicklung der letzten Wochen erfüllt uns mit tiefer Sorge. Diese Sorge resultiert aus dem zehntausendfachen Wunsch von Bundesbürgern, ihre Heimat in Richtung DDR verlassen zu wollen.« *(22. Oktober 1989)*

MONTAGSDEMO IN KÖLN MIT ETWA 250.000 TEILNEHMERN

(23. Oktober 1989)

Deutschlandfunk vom 30. Dezember 1989

Es begann mit Friedensgebeten im Kölner Dom

Kölner Herbst. Eine subjektive Dokumentation

Es ist kalt, heute sind wir mit dabei im Dom. Nachmittags um 5 Uhr zum Gebet ist er überfüllt, wie schon seit Wochen. Wir warten draußen, mit Hunderten auf dem Domplatz. Es liegt was in der Luft, ein seltsames Gefühl unausgesprochener Gemeinsamkeit...

Glocken schlagen 6 Uhr abends. Der Dom leert sich. Wenige singen irgendwas mit Gott. Deutlicher wird es dann bei »We shall overcome«... Gegen dreiviertel 7 beginnt sich der Kern der Menge zu bewegen, läuft los, raus zum Wallrafplatz. Keiner zu erkennen, der anführt, rüber zur Minoritenkirche. Und plötzlich: Dort sind es ein paar Tausend. Zuschauer reihen sich ein, die Straße wird überflutet. Autos müssen anhalten.

Auf der Kreuzung fährt ein Bus hupend und bremsend in die Massen. Pfiffe und Schreie werden laut, die Menge spürt ihre Kraft. Der Bus hält, die Türen springen auf, der Fahrer, wild gestikulierend, stürzt heraus, diskutiert – der Bus bleibt stehen. Der Fahrer macht die Runde auf den Schultern der Demonstranten.

Auf dem Appellhofplatz wird zum ersten Mal »KPD zulassen!« gerufen, und die Masse skandiert klatschend »Gorbi, Honi, Gorbi, Honi!« und zieht unüberhörbar auf der Komödienstraße zum Hauptbahnhof. Die Polizei in den Nebenstraßen formiert Fahrzeugkolonnen und kann nicht vor die Demonstranten kommen, bleibt im sich weiter stauenden Verkehr stecken. Man ist baff und ahnt: Das wird Folgen haben! und denkt an den nächsten Montag und ist stolz und beklemmt, mit dem Kloß in der Kehle...

S. 59 oben: Was des Volkes Hände schuf, soll des Volkes eigen sein!

S. 59 unten: Spontane Umbenennung von Straßen und Plätzen in Köln

1

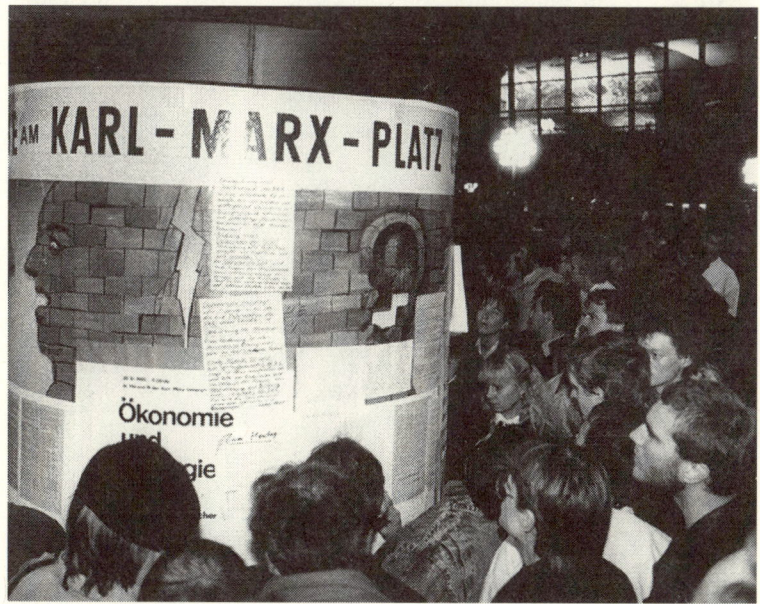

2

Am 2. Oktober war alles wie eine Woche zuvor. Nur waren es dreimal soviel Leute, diesmal auch ältere. Man wußte schon, wo's langgeht, man wußte schon, was zu rufen war: »Wir bleiben hier!« und zum ersten Mal: »Wir sind das Volk!« Anders wurde es erst, als der Zug den Hauptbahnhof erreichte: eine Sperrkette aus Polizisten, Berührungen, Menschenknäuel, Würgegriffe. Die Kette riß. Die ersten Gummiknüppel zischten am Ohr vorbei. Einzelne Polizisten gerieten zwischen Demonstranten. »Schämt euch was!« brüllten sie ihnen ins Gesicht. Das taten sie schon und hatten auch Angst.

Weiter. Am Französischen Informationszentrum quer über die Straße, Bundesgrenzschutz, dahinter Mannschaftswagen der Polizei. Die Menge steht, setzt sich, steht wieder auf. Man versucht, sie seitlich einzukesseln – es sind zu viele, tränenüberströmte Frauen, Geschiebe und seitlich raus. Hundestaffeln am Hertie-Warenhaus sperren die Innenstadt. Was soll das noch werden?!

7. Oktober. Der Verfassungsschutz läßt verlauten: »Wir rechnen mit ... zigtausend, und heute schlagen wir zu!« Wenn ich frei habe, laufe ich immer mal rüber zur Minoritenkirche. Am Vormittag nichts Besonderes. So gegen 12, vom Dom her mitten durch die Menge, Kampfanzüge, Hunde, knüppelschwingende Polizisten. Die Leute erstarren und spritzen auseinander, laufen mit – zur Kirche. Bürgerkriegsszenarium.

Vor der Kirche – es ist ein halbes Dutzend – junge Leute mit Kerzen. Mit den Hunden drauf und dran, und schon sind alle auf LKWs verfrachtet. Sie zeigen noch das »V« mit den Fingern. Mein Sohn sieht ihre Knüppel und fragt danach: »Sind das böse Polizisten?« »Polizisten sind nicht gut oder böse«, höre ich mich sagen, »sie tun immer, was man ihnen befiehlt. Und heute heißt es wahrscheinlich: Nehmt den Knüppel bei allen, die nicht lachen können!« Der eine Polizist hat es gehört und sieht mich grimmig an. »Oder stimmt's nicht?« frage ich. Er wendet sich ab.

Mein Junge hat Angst. Wir gehen. Unterdessen ziehen sie auf mit den Schilden und dem Nackenschutz und den Gasmasken, riegeln den Kirchhof ab. Das Heerlager wird besichtigt. Als gegen 17 Uhr die Gruppe »Floh de Cologne« mit Fahnen und Trommeln durch die Neven-Du-Mont-Straße zieht, gefolgt von johlenden und lachenden Leuten, passiert's: Laute Kommandos von der Kirche her, Rotten von Behelmten schlagen die Knüppel auf die Schilde, stürzen sich in die Menge, teilen so die Straße und die Menge nach rechts und links. Gellende Pfiffe und Buhs. Die Hatz beginnt über den Appellhofplatz. Als es dunkelt, kommen Wasserwerfer und wieder Hunde – eine gespenstische Szenerie im Licht der Neonleuchten läuft ab. Und übermorgen ist wieder Montag.

Losungen auf den Kölner Montagsdemonstrationen

30. Oktober 1989:
Soviel Macht in einer Hand gehört nicht in dieses Land!
Privilegierte aller Länder, beseitigt euch!
Erst Taten, Norbert – dann lächeln!
Wir sagen es unver»blümt«: Enteignung des CDU-Medienmonopols!
So wie wir heute demonstrieren, werden wir morgen leben!
Gleiche Bildungschancen für jedes Kind!
Norbert weg, hat kein' Zweck!
Jesus spricht: Wer von euch etwas Besonderes sein will, der soll den anderen dienen! (Matth. 20, 26–27)

6. November 1989:
Biete Blüm, suche Demokratie!
Bei CDU und SPD sitzen Sie in der letzten Reihe!
Norbert geh, du tust uns weh!
Das Volk erkämpft die Wende, Bundesregierung in Rente!
Neues Futter, alte Tröge, denkt nur nicht, wir sind so blöde!
Danke Köln! Eure Bayern!
Antifaschistische Initiative, KPD und FDJ zulassen!

13. November 1989:
CDU – nein danke!
Lügen haben kurze Beine – Norbert zeig uns deine!
Gestern in Magdeburg ein Bier, aber heute zur Demo sind wir hier!
Christlich? – Demokratisch? = Unsinn!
Für die Würde der Frau! Schließt die Bordelle und Sexshops!
Jesus Christus – Der Weg!

20. November 1989:
Wahlergebnis 1990: CDU 4,98%!
Deutschland – einig Vaterland!
Neuer Kutscher, alter Karren, Norbert wir sind keine Narren!
Planwirtschaft statt Marktwirtschaft!
Auch wenn's schneit, gibt's keine Ruh, sonst freut sich die CDU!
Statt fressen und picheln, hämmern und sicheln!
Ende mit den Faxen, wir wollen nach Sachsen!

27. November 1989:
Lieber bei 40 Grad minus zur Demo, als 40 Jahre Schwitzkasten des Kapitals!
Das Volk braucht die CDU, wie der Fisch das Fahrrad!
Herr Honecker, helfen Sie uns und unseren Kindern:
Wiedervereinigung jetzt!

Unüberhörbare Rufe nach einem einheitlichen, demokratischen sozialistischen Deutschland…

4. Dezember 1989:
Bald wieder euren alten Marsch? Schluß CDU – leck uns am Arsch!
Regierungsprasser – Brot und Wasser!
Für Kohls Schweine das Beste – für das Volk die Reste!
Die CDU stinkt vor Korruption – sie gehört auf den Misthaufen der Geschichte!
Mißtrauen ist die erste Bürgerpflicht!
Entweder Not oder Einheit und Brot!

11. Dezember 1989:
Ich schäme mich, ein Bürger eines von der CDU-Mafia beherrschten Staates zu sein!
Wer gegen die Einheit ist, hat nur Angst vor der Arbeit!
Helmut, leer' die Taschen aus!
Ochsen gehören auf den Acker, nicht in den Bundestag!
Wir sind eine Nation – Deutschland!

...einer vereinten
Deutschen Demokratischen Republik!

Hier wird kurz der strenge chronologische Ablauf unterbrochen:

Das Schicksal des ehemaligen Bundeskanzlers der ehemaligen BRD, Helmut Kohl

Helmut Kohl, durch seinen Sturz und die Haftzeit sichtlich mitgenommen, bittet um Nachschlag beim Mittagessen.

9. 11. 1989:

Ermittlungsverfahren gegen Helmut Kohl eingeleitet

(DPA) Am gestrigen 8. November leitete der Generalbundesanwalt v. Stahl ein Ermittlungsverfahren gegen den früheren Parteivorsitzenden der CDU und Bundeskanzler der BRD, Helmut Kohl, wegen Korruption und Amtsmißbrauch ein. Kohl erhielt diese Nachricht in der Heidelberger Universitätsklinik, wo er sich z.Z. wegen einer akuten Adipositas in ärztlicher Behandlung befindet.

23. 11. 1989:

(DPA) Die Zentrale Schiedskommission der CDU leitete ein Parteiordnungs- und Disziplinarverfahren gegen den ehemaligen Parteivorsitzenden der CDU und Bundeskanzler der BRD, Helmut Kohl, ein.

29. 1. 1990:

(DPA) In den frühen Morgenstunden des 29. Januar 1990 wurde der ehemalige Parteivorsitzende der CDU und Bundeskanzler der BRD, Helmut Kohl, in der Heidelberger Universitätsklinik verhaftet und ins Untersuchungsgefängnis Ludwigshafen verbracht. Nach einer polizeiärztlichen Untersuchung sowie einem ersten Verhör wurde Kohl wegen des Verdachts auf Fluchtgefahr in den Hochsicherheitstrakt nach Stammheim verlegt.

Zusammenrottung von Unverbesserlichen

(DPA v. 30. Januar 1990) Vor dem Gelände der Strafanstalt Stammheim fand am gestrigen Donnerstag eine Zusammenrottung einer kleinen Schar von unverbesserlichen Anhängern des ehemaligen Parteivorsitzenden der CDU und Bundeskanzlers der BRD, Helmut Kohl, statt. Unter den wenigen Demonstranten befanden sich neben dem ehemaligen Fernsehkommentator Löwenthal, dem einstigen NATO-Generalsekretär Wörner und dem ehemaligen Marinerichter und Ministerpräsidenten von Baden-Württemberg, Filbinger, auch einige jüngere Mitglieder der CDU-PdS, die wahrscheinlich der Republikanischen Plattform jener Partei zuzurechnen sind. Mit Transparenten und Sprechchören forderten sie die Freilassung von Kohl, Schönhuber und weiteren Inhaftierten. Die herbeigerufenen Ordnungskräfte konnten diese Ansammlung in kürzester Zeit auflösen. Einige der Demonstranten wurden vorübergehend festgenommen.

Willensbekundung der gesunden Kräfte innerhalb der CDU gegen die Spaltversuche einiger Reaktionäre, die eine CDU-PdS gründen wollen.

Süddeutsche Zeitung vom 31. Januar 1990:

Die da oben, wir hier unten!

Ein Bericht aus Ludwigshafen von Volker Schüdd

Zahlreiche Fernsehteams und Pressevertreter waren zu diesem Lokaltermin des Generalbundesanwaltes in Oggersheim erschienen. Nach einer kurzen Ansprache des ermittelnden Staatsanwalts vor der Villa Kohls begann die Besichtigung.

Frau Kohl bat zunächst alle, die Schuhe auszuziehen und führte dann in einen von ihr als »gute Stube« bezeichneten Empfangssaal. Das Erstaunen der Journalisten über den dort zu sehenden Luxus, der sich in mehrfachem »Ah« und »Oh« äußerte, versuchte Frau Kohl mit der Bemerkung herunterzuspielen, das alles seien normale Gebrauchsgüter bzw. Geschenke, die ihr Mann bei seinen Staatsbesuchen im Ausland erhalten hätte.

Dabei stellte sie sich verschämt vor einen wahrscheinlich vergoldeten Samowar, der in der Schrankwand thronte. Sicher ein sowjetisches Gastgeschenk an das Volk der BRD, das hier widerrechtlich privatisiert wurde.

Unsere Fragen, ob es für eine von Sozialhilfe lebende Familie auch normal sei, zwei Teppiche übereinander zu legen – über einen normalen grauen Auslegteppich waren bei den Kohls scheinbar handgeknüpfte, dicke sogenannte Perser gelegt –, ob es weiterhin normal sei, neben einem großen Farbfernsehgerät gleich zwei Videorecorder zu besitzen, ob jeder Arbeitslose sich in einer solch ausladenden, mit weinrotem Samt überzogenen Couch-Garnitur räkeln könne, um chinesische Prunkvasen zu bestaunen usw., blieben ohne Antwort.

Die Küche wurde uns von einer Hausangestellten (!) erklärt. Die Eßecke, Tisch und Stühle aus mattierter Eiche, war voll und ganz mit blau-weißen holländischen Luxuskacheln ausgekleidet. Hinter den Schrankwänden versteckten sich hochmoderne Geräte: neben einem französischen Geschirrabwaschgerät (automatisch), einem amerikani-

Vor der Villa der Kohls in Oggersheim

schen Mikrowellenherd und einer englischen Tiefkühltruhe befand sich alles, was man in amerikanischen Fernsehserien bei den oberen Zehntausend sehen kann.

Dann das Badezimmer. Wir trauten unseren Augen kaum. Versteckt angebrachte Lampen tauchten den Raum in ein zweifelhaftes Licht. Runde Prunkspiegel hingen über zwei (!) Waschbecken. Eine marmorne Eckbadewanne – oder war es nur Marmorimitation, aber auch das ist ja für normale Menschen unerschwinglich –, goldglänzende (oder waren sie aus echtem Gold?), antik nachgebildete Armaturen! Eine Toilette fand sich hier nicht, dafür hatten diese Herrschaften wohl einen extra Raum.

Den »Höhepunkt« aber bildeten die beiden Garagen, die wir zum Schluß besichtigten. Neben einer Mercedes-Nobelkarosse mit eingebauter Klimaanlage, Stereoradio, automatisch versenkbarer Antenne und sonstigen Extravaganzen stand dort das neueste Modell eines Sportwagens der Firma BMW.

Angeblich, so Frau Kohl, gehöre dieses Auto einem ihrer Söhne. Wer's glaubt, wird selig. Aber auch wenn – wer kann seinem Kind solch ein Auto ermöglichen!

Die Besichtigung endete mit der Unterzeichnung eines Protokolls durch Frau Kohl und des ermittelnden Staatsanwaltes, der ankündigte, daß in Kürze mit einem Gerichtstermin im Fall Helmut Kohl zu rechnen sei.

Hoffentlich, kann man da nur sagen!

Anklageschrift veröffentlicht

(DPA) Am gestrigen späten Nachmittag des 2. Februar 1990 wurde von der Generalbundesanwaltschaft die 232 Seiten umfassende Anklageschrift im Fall Helmut Kohl der Öffentlichkeit übergeben. Die Hauptvorwürfe bestehen danach in Kohls aktiver Mitarbeit in den fünfziger Jahren am Verbot der KPD und FDJ und den im Ergebnis einer zügellosen Schnüffelpraxis des Verfassungsschutzes gegen Antifaschisten und andere demokratisch gesinnte Kräfte verhängten Berufsverboten.

Die Anklageschrift enthält über 751 bekannt gewordene Fälle. Der Pressesprecher des Generalbundesanwaltes betonte in seinen Ausführungen, daß die Möglichkeit der Aufdeckung weiterer Fälle während der Verhandlungen denkbar sei.

1 *Wohin auch
die Augen
blicken...
Luxus, Luxus
überall*

2 *Eine Auswahl
rechtswidrig
einbehaltener
Staatsgeschenke*

Die Justiz sehe sich entsprechend der noch geltenden Rechtsordnung allerdings nicht in der Lage, Kohls Verantwortung für die jahrzehntelange Mißwirtschaft in der BRD, den Bildungsnotstand und die seelische Verkrüppelung eines ganzen Volkes zum Gegenstand einer Anklage zu machen.

Kohl aus Stammheim entlassen

(DPA) Am 23. 2. 1990 gegen 18 Uhr wurde nach einer ärztlichen Untersuchung durch den Heidelberger Krebsforscher und Dopingexperten, Prof. Dr. Franke, bei dem ehemaligen Vorsitzenden der CDU und Bundeskanzler der BRD, Helmut Kohl, eine schwere akute Adipositas festgestellt.

Die daraufhin durch seinen Rechtsanwalt beantragte Haftverschonung wurde von der Generalbundesanwaltschaft geprüft. Es ist damit zu rechnen, daß noch im Verlaufe dieser Woche Kohls Entlassung aus dem Stammheimer Gefängnis erfolgen wird.

Gerüchte sprechen davon, daß Kohl mit seiner Ehefrau Hannelore ins Kloster St. Gallen übersiedeln soll. Ein entsprechendes Angebot der katholischen Kirche wollte Bischof Dyba allerdings nicht bestätigen.

Gnadengesuch überreicht

(ADN) Wie die Pressestelle der Kanzlei des Vorsitzenden des Staatsrates der DDR mitteilt, wurde am gestrigen Vormittag des 15. Oktober 1990 vom Rechtsanwalt Kohls, Dr. Fiedelbecker, ein Gnadengesuch an den Vorsitzenden des Staatsrates der DDR, Gen. Erich Honecker, überreicht.

ADN gegenüber äußerte Dr. Fiedelbecker, er hätte Signale aus der Kanzlei des Staatsratsvorsitzenden, daß das Gnadengesuch seines Mandanten auf Grund dessen angegriffenen Gesundheitszustandes positiv beschieden werden könnte. Zudem sei er davon unterrichtet worden, daß Partei und Regierung der DDR sich trotz der Verbrechen Kohls nicht vom Gedanken der Rache leiten ließen.

Außerdem sei man der Meinung, daß es für die politisch moralische Einheit vor allem der ehemaligen BRD-Bürger förderlich sei, einem Gnadengesuch stattzugeben.

Nach weiteren Plänen seines Mandanten befragt, äußerte Dr. Fiedelbecker, daß das Ehepaar Kohl nach der Entspechung des Gnadengesuches und der endgültigen Regelung ihrer Rentenangelegenheit die

Absicht habe, sich nach Paraguay zu begeben. Dort betreibe einer ihrer Söhne eine Geflügelfarm.

Weiter im chronologischen Ablauf

WAZ vom 8. Dezember1989:

Außerordentlicher Parteitag der CDU

★ **Knapp 300 Delegierte in der Essener Gruga-Halle**
★ **Partei durch enormen Mitgliederschwund arg gebeutelt**
★ **Abwahl Norbert Blüms als Parteivorsitzenden der CDU**
★ **Umbenennung der Partei in »CDU – Partei eines demokratischen Sozialstaates« (CDU-PdS)**
★ **Rechtsanwalt Byssi neuer Parteivorsitzender der CDU-PdS**
★ **Helmut Kohl und seine Regierung: Hauptschuldige für die Krisensituation in der CDU und der BRD**
★ **Parteiausschlußverfahren gegen Helmut Kohl, Norbert Blüm, Wolfgang Schäuble, Gerhard Stoltenberg, Dorothee Wilms,**

Manfred Wörner, Rupert Scholz, Rita Süßmuth, Christian Schwarz-Schilling, Rudolf Seiters und andere
★ **Vorwurf: Kampf gegen Antifaschisten und Demokraten, sowie Verhängung von Berufsverboten waren zutiefst unchristlich**
★ **CDU-PdS entschuldigt sich bei allen Opfern der Berufsverbote**

Der CDU-Funktionär Eberhard Diepgen spricht sich gegen die Spaltung seiner Partei und für ein Zusammengehen mit der DDR-Schwesterpartei aus.

Zur Person: *Georg Byssi*

Geb. 1. 8. 1945 in Wien als Sohn eines sowjetischen Offiziers. Sein eigentlicher Name lautet Wladimir Georgjewitsch Byssow, den er später, als seine Eltern in die USA auswanderten, in Georg Byssi ändern ließ.

Nach dem Abitur in Princetown (USA) nahm er ein Jurastudium in München (BRD) auf und gründete nach dem Studium daselbst eine Anwaltskanzlei. Bekannt wurde er als Pflichtverteidiger in einigen Berufsverbotsverfahren, die er zwar sämtlich für seine Mandanten verlor, bei denen er aber durch seine ungewöhnliche rhetorische Begabung den Prozeßbeobachtern aufgefallen war. Aufsehen in der Öffentlichkeit erregte er, als er einmal mutig in einem seiner Plädoyers Berufsverbote für den Staatsanwalt und die Richter beantragte.

Die daraufhin entstandenen Gerüchte besagten, daß Byssi seit seinem Aufenthalt in der BRD für die sowjetischen Schutz- und Sicherheitsorgane arbeite. Dagegen sprach eine jüngst in den USA erschienene wissenschaftliche Arbeit, die Byssis Wirken in Zusammenhang mit einer Tätigkeit für den amerikanischen Geheimdienst CIA brachte. In der westdeutschen Fernsehsendung »Kontraste« wurde Byssi jüngst als Doppelagent bezeichnet. Belegt wurde das durch Fotos, auf denen bei verschiedenen Austauschaktionen von Spionen bzw. Aufklärern Byssi neben dem DDR-Beauftragen Prof. Dr. Vogel zu sehen war. In einem Prozeß, den Byssi gegen »Kontraste« führte, wurde festgestellt, daß es sich bei den Bildern um Fotomontagen handelte.

»Bonner Generalanzeiger« vom 13. Dezember 1989:

Hoffnungsträger Graf Lambsdorff vom Bundestag zum Kanzler gewählt.
Außerordentliche Sitzung des Bundestages

In einer außerordentlichen Sitzung des Deutschen Bundestages im Bonner Wasserwerk wählten die Abgeordneten mit überwiegender Mehrheit den einzigen Kandidaten für das Kanzleramt, den Abgeordneten der F.D.P. Otto Graf Lambsdorff, zum neuen Bundeskanzler der Bundesrepublik Deutschland.

In seiner Antrittsrede betonte der neugewählte Kanzler, er sehe die krisenhafte Entwicklung der BRD seit einigen Monaten mit zunehmender Sorge. Er sei sich bewußt, daß er mit der Übernahme dieses Amtes für viele Bürger der BRD zum Hoffnungsträger wurde. Er werde alles in seiner Macht Stehende tun, um diese Hoffnungen der Menschen nicht zu enttäuschen.

Außerdem beschlossen die Abgeordneten, für den 18. März des nächsten Jahres Neuwahlen durchzuführen.

Am Abend verlautete aus dem Bundeskanzleramt die Nachricht über ein direktes Telefongespräch zwischen dem neugewählten Kanzler der BRD, Lambsdorff, und dem Generalsekretär der SED und Vorsitzenden des Staatsrates der DDR, Erich Honecker. Bei diesem Gespräch soll Erich Honecker bei einer weiteren positiven Entwicklung in der BRD gewisse Reiseerleichterungen für Bundesbürger in die DDR in Aussicht gestellt haben. Desgleichen sollen Fragen nach der Zukunft beider deutscher Staaten erörtert worden sein, bei denen eine Konföderation einer späteren Wiedervereinigung den Boden bereiten könne. Bei Nachfragen im Kanzleramt wurde das allerdings weder bestätigt noch zurückgewiesen.

»Süddeutsche Zeitung« vom 29. Februar 1990:
Wahlkampf auf Hochtouren

**Historische Rede von Erich Honecker
auf dem Domplatz in Speyer**

Schon Stunden vor dem Eintreffen Erich Honeckers in Speyer hatte sich der Domplatz mit einer schier unübersehbaren Menschenmenge gefüllt. Mit Bussen und Sonderzügen der Bundesbahn waren die Werktätigen aus dem gesamten Bundesgebiet zu diesem Höhepunkt im Wahlkampf der DKP angereist.

Auf zahlreichen Spruchbändern wurde gefordert, die Einheit Deutschlands zügig voranzubringen und die DKP sowohl in die Landtage als auch in den Bundestag zu wählen. Sie sei, so war zu lesen, die einzige Partei, die aus der Krise herausführen und die Einheit mit Würde gestalten könne.

Im Vorfeld der Veranstaltung hatte es Versuche einiger Randalierer gegeben, mit selbstgemalten Plakaten den Ablauf dieser Wahlveranstaltung zu stören. Aber den Ordnungskräften gelang es mit Hilfe der Polizei innerhalb weniger Minuten, einen störungsfreien Ablauf wiederherzustellen.

Punkt 16 Uhr betrat Generalsekretär Erich Honecker die Tribüne. An seiner Seite der Parteivorsitzende der DKP, Herbert Mies, der Ministerpräsident von Baden-Württemberg, Erwin Teufel, der Ministerpräsident des Saarlandes und stellvertretende Vorsitzende der SPD, Oskar Lafontaine, und weitere Persönlichkeiten. In seiner immer wieder durch stürmischen Applaus und Hochrufe unterbrochenen Rede betonte Erich Honecker, daß die Maßnahmen des 10. Oktober 1989 den Frieden gesichert und damit die Grundlage für eine Vereinigung der beiden deutschen Staaten unter sozialistischen Vorzeichen gelegt hätten.

Zu einem Höhepunkt gestaltete sich die Ankündigung Erich Honeckers, durch eine Vereinigung der beiden Arbeiterparteien SED und SPD sowie durch die Zusammenfassung aller Parteien und Organisationen in einer Nationalen Front die unselige Spaltung des Volkes zu überwinden. Dadurch werde auch in der BRD eine wahre, echte Demokratie zum Erblühen kommen.

Mit dem Gesang der Lieder »Bau auf, bau auf« und der »Internationale« fand diese beeindruckende Wahlveranstaltung ihren Abschluß.

»Unsere Zeit« vom 17. März 1990:
Solidarische Hilfe

Am 16. März, 21 Uhr, endete der Wahlkampf um die Sitze im neuen Bundestag. Eine Besinnungspause begann.

Wie die Abteilung Agitation/Propaganda im ZK der SED mitteilte, konnte aus Parteispenden ein Betrag von 22,5 Millionen Mark der DDR der parteinahen Werbeagentur DEWAG überwiesen werden.

Knapp 10 Prozent der BRD-Bevölkerung, so ADN, wurden nach Schätzungen der SED bei Veranstaltungen mit Genossen Erich Honecker und anderen prominenten Genossen aus der DDR mobilisiert.

Die SED stellte ihrer Schwesterpartei, der DKP, zur Verfügung:
• 60 Millionen Flugblätter,
• 15 Millionen Exemplare »Zeitungen zur Wahl«,
• 6 Millionen Aufkleber,
• 1,5 Millionen Plakate,
• 7,5 Millionen Kalender,
• über 6 000 Rednereinsätze sowie
• 150 in die BRD entsandte hauptamtliche Wahlhelfer.

Vielleicht mißfällt Ihnen diese Solidarität der SED. Sie denken: Das
war Einmischung in die inneren Angelegenheiten eines souveränen
Staates!

Richtig, wenn man von Ihrem veralteten Demokratie-Verständnis
ausgeht. Aber seien Sie doch ehrlich!

Nehmen wir an, der Kapitalismus hätte gesiegt, die BRD hätte ge-
wonnen. Nur mal rein hypothetisch.

Wäre dann nicht Ihr sogenannter Bundeskanzler auf den Dom-
platz, sagen wir mal in Erfurt, geeilt, um seinen maroden Kapitalis-
mus als »blühende Landschaft« anzubiedern? (Er hätte lügen müs-
sen, was Genosse Honecker natürlich nicht brauchte.) Hätte das
Kapital nicht auch mit Millionen und Material (natürlich nur ein
Drittel davon wegen der geringeren Einwohnerzahl der DDR) ihre
Interessenvertreter unterstützt?

Na also, jetzt fangen Sie an, die Machtfrage zu begreifen. Aber es
kam ja, Marx/Engels/Lenin sei Dank, andersherum.

ADN/ND vom 19. März 1990:

Eine gute Wahl ...

Zu den Wahlergebnissen des 18. März

Das Ergebnis der ersten wirklich freien Wahlen in der BRD sind wahr-
haft demokratisch gewählte Landesparlamente und ein Bundestag, der
zum ersten Mal in der Geschichte der Bundesrepublik Deutschland die
Gewähr dafür bietet, die Interessen des werktätigen Volkes zu vertreten.

72 Parteien, politische Gruppierungen und Vereinigungen stellten
sich dem Votum der 36,6 Millionen Wahlberechtigten. Dafür wurden
66.000 Wahllokale eingerichtet, mit Wahlkabinen vornehmlich aus der
DDR.

Die Wahlbeteiligung war mit 102,3 % außerordentlich hoch.

Klare Siegerin, die allein mehr Stimmen erhielt als alle anderen Parteien und Gruppierungen zusammen, ist die DKP.

Großer Verlierer ist die SPD, die in einigen Landesparlamenten nicht
mehr vertreten ist, mit 5,1 Prozent aber den Einzug in den Bundestag
noch knapp geschafft hat.

Die CDU-PdS erreichte mit 16,2 Prozent einen Achtungserfolg.

Sicher kennen Sie die üblen Verleumdungen, die von Kräften der CDU-PdS nach diesem überwältigenden Votum für die Politik der DKP in die Welt gesetzt wurden: Auf den Wahlscheinen wäre ein Pfeil vor »DKP« gedruckt worden, aus den Wahlkabinen hätte der Kopf des Wählenden herausgeragt, man hätte sich beobachtet gefühlt, die Bleistiftspitzen wären vorher absichtlich abgebrochen worden...u.a. Lügen.

Mitglieder der CDU/PdS, die an der Stimmenauszählung teilnahmen, hätten angeblich ganz andere Ergebnisse feststellen können als die amtlichen! In den Fällen, in denen solche Halluzinationen zur Anzeige kamen, wurden von der Staatsanwaltschaft den entsprechenden Einrichtungen die nötigen Hinweise gegeben.

Die ungewöhnliche Wahlbeteiligung, die auch international Aufsehen erregte, wurde bekanntlich in der Presse aufgeklärt: Die DKP hatte für alle Ausländer das Wahlrecht durchgesetzt. Eine Genossin aus dem Parteivorstand hatte erklärt, sie persönlich hätte nichts dagegen, daß alle Ausländer bleiben.

Nach seiner Wahl und dem Besuch bei E. Honecker mußte Bundeskanzler H. Mies dies richtigstellen. Da also viele ausländische Bürger kurz vor ihrer Heimreise noch einmal wählen durften, konnten sie später zwar als Wahlstimmen, nicht aber als Bevölkerung mitgezählt werden.

Merken Sie? Scheinbar komplizierte Dinge sind in Wirklichkeit ganz einfach zu erklären. Und: Schon bei den nächsten Kommunal- oder Volkskammerwahlen werden Sie sich an das bewährte Wahlsystem der DDR gewöhnt haben.

»Neues Deutschland« vom 26. März 1990:

Herzlichen Glückwunsch, Genosse Herbert Mies!

Der Generalsekretär der SED und Vorsitzende des Staatsrates der DDR, Erich Honecker, sendet dem neugewählten Bundeskanzler, Herbert Mies, ein Glückwunschtelegramm

Ein in herzlichen Worten gehaltenes Glückwunschtelegramm übersandte der Generalsekretär der SED und Vorsitzende des Staatsrates der DDR, Erich Honecker, dem am Vormittag vom Deutschen Bundestag mit überwältigender Mehrheit gewählten neuen Kanzler der BRD, Herbert Mies.

In dem Telegramm würdigt der Generalsekretär der SED die lange und unverbrüchliche Freundschaft zwischen den beiden Schwesterparteien DKP und SED.

Erich Honecker gibt der Hoffnung Ausdruck, daß nun unter der Führung der DKP die Folgen einer jahrzehntelangen kapitalistischen Mißwirtschaft sowie eines rechten Gesinnungsterrors schrittweise überwunden werden können.

Der Staatsratsvorsitzende versichert dem Bundeskanzler auch weiterhin die brüderliche Unterstützung der DDR und stellt in diesem Zusammenhang die Prüfung von Änderungen im gesamtdeutschen grenzüberschreitenden Reiseverkehr in Aussicht.

»Hamburger Abendblatt« vom 28. März 1990:

»Wenn einer eine Reise tut...«

Eine Kurzreportage unseres Lesers Wolfgang Gehrcke

Merken Sie sich den Namen des Autors! Ein normaler Leser, der seiner Lokalpresse einen erweiterten Leserbrief anbot. Wir treffen ihn im nächsten Kapitel wieder!

Lange schon hatte ich davon geträumt, einmal eine Reise in die DDR unternehmen zu können. Nun endlich wurde es Wirklichkeit. Sicher war das jüngste Wahlergebnis bei uns nicht folgenlos, was die Reiseerleichterungen anbelangte. Am letzten Montag also führte mich mein Schritt ans Alster-Ufer, zum Konsulat der DDR. Dort bekam ich anstandslos und freundlich für mein ausgefülltes Formular ein Ein-Tages-Visum, eine Zählkarte, eine Zollerklärung sowie einen Berechtigungsschein zur Entgegennahme eines Begrüßungsgeldes in Höhe von 10 Mark der DDR.

Zunächst dachte ich natürlich, das sei etwas wenig Geld und ich müsse mir noch ein paar DM einstecken, um sie in der DDR zum Schwindelkurs 10:1 umtauschen zu können, aber weit gefehlt, wie ich später bemerken sollte.

Am Fahrkartenschalter des Bahnhofs bekam ich ohne Probleme, da ich mein Visum vorweisen konnte, eine Fahrkarte nach Schwerin.

Ziemlich aufgeregt bestieg ich am nächsten Morgen den D-Zug nach Rostock mit Halt in Schwerin. Die Fahrt bis zur Grenze verlief ohne ein Vorkommnis. Unsere bundesdeutschen Grenz- und Zollbeamten schlenderten an uns vorbei, ohne von uns Notiz zu nehmen. Niemand wollte unsere Pässe sehen, unser Gepäck kontrollieren, wie es früher üblich war. Sie schienen ziemlich desinteressiert an ihrer Funktion zu sein. Möglicherweise ging ihnen durch den Kopf, daß sie sich bald, wenn die Einheit kommen würde, nach einer anderen Arbeit werden umsehen müssen. Es dauerte aber nicht lange, da näherten wir uns dem Hoheitsgebiet der DDR. Von Ferne grüßte bereits ein Wachturm.

Wir winkten, als wir an ihm vorbeifuhren, den Grenzsoldaten zu, und sie winkten freundlich zurück. Auf dem Grenzbahnhof Herrnburg hieß es dann aussteigen. Entlang der Bahnsteigkante waren für unsere Sicherheit Grenzsoldaten postiert. Durch den Lautsprecher wurden wir herzlich auf dem Territorium der DDR willkommen geheißen. Ältere Damen vom Roten Kreuz verteilten warmen Tee und pikante Delikat-Fettschnitten. Mit einer Mitarbeiterin kam ich ins Gespräch. Sie freue sich, sagte sie mir, daß es uns Westdeutschen nun auch möglich sei, uns mit eigenen Augen von den Errungenschaften in der DDR zu überzeugen. Ich erzählte ihr, was ich bei meinem Kurzbesuch in Schwerin alles vorhätte, und so vergingen die zwei Stunden Wartezeit wie im Fluge.

Reiseerleichterungen wohin man blickt

In einem Raum des Abfertigungsgebäudes wurden dann die üblichen notwendigen Formalitäten erledigt, und dann hieß es wieder einsteigen. Weiter ging die Fahrt. In knapp zwei Stunden war Schwerin erreicht. Mein erster Weg führte mich direkt vom Bahnhof in die nächstgelegene Sparkasse. Leider waren viele auf diese Idee gekommen, denn eine Riesenschlange stand vor dem Schalter mit der Aufschrift »Begrüßungsgeld«. Aber es ging schneller, als ich dachte. 10 Mark hört sich nicht viel an, aber was konnte ich alles damit an diesem Tag machen! Da die Mittagszeit herangerückt war und ich etwas Hunger verspürte, kaufte ich mir zunächst an einem HO-Kiosk zwei Bockwürste mit Brot und Senf (2,00 M).

Dann fuhr ich mit der Straßenbahn (0,20 M) zum Schweriner Schloß (Eintritt frei). Mit der Straßenbahn ging es zurück (0,20 M) ins Stadtzentrum. In einer Volksbuchhandlung erstand ich ein Bändchen des Lyrikers Giselher Reinsteckert (3,50 M), den ich mir zu Hause nicht kaufen konnte, da er bei uns verboten ist.

Die ersten Gedichte daraus las ich beim Friseur (1,30 M). Da mein Zug erst in drei Stunden fuhr, konnte ich dem verlockenden Angebot des Filmtheaters »Tivoli«, das den sowjetischen Film »Befreiung – Teil 8« zeigte, nicht widerstehen (Eintritt 1,05 M). Nach dem Kino fuhr ich mit dem Bus (0,20 M) zum Bahnhof, trank in der Mitropa noch drei Pilsener (zusammen 1,53 M) und stieg mit zwei Pfennigen Restgeld erschöpft, aber glücklich über die vielen neugewonnen Eindrücke, in den Zug zurück nach Hamburg. Solch eine Reise kann ich jedem Bundesbürger nur empfehlen!

DPA vom 29. März 1990:

Bundesverdienstkreuze zurückgegeben

Zahlreiche Künstler der Bundesrepublik haben in einer gemeinsamen Erklärung vom 28. März 1990 die Rückgabe ihrer durch die Bundesregierung verliehenen Orden und Auszeichnungen, darunter mehrere Bundesverdienstkreuze, angekündigt.

Die Erklärung ist unterzeichnet u.a. von Marianne Rosenberg, Katja Ebstein, Udo Lindenberg, Otto Waalkes, Udo Jürgens, dem Kabarettisten Dieter Hildebrandt, dem Maler Klaus Staeck und dem Schriftsteller Günter Grass. Mehrere namhafte Künstler und Wissenschaftler ließen inzwischen verlauten, daß sie sich dieser Erklärung anschließen wollten.

5. Kapitel
»Bau auf, bau auf...«
Erste Etappe: Die Schaffung der Voraussetzungen für die Errichtung der Grundlagen des Sozialismus in der ehemaligen BRD

»Bayernkurier« vom 1. April 1990:
Was geht hier vor? Geht hier was vor?

Am Abend des 30. März erreichten unsere Redaktion einige anonyme Anrufe, deren Inhalt wir unserer Leserschaft nicht verschweigen können. Die Anrufer, angebliche Mitarbeiter der Zentralen Dienststelle des Bundesnachrichtendienstes Pullach, berichteten von einer großen Feierlichkeit am Abend des 30. März.

Als Gäste der Veranstaltung hätte man die Ostberliner Meisterspione Wolf und Guillaume begrüßt, die ihrerseits unter dem Beifall der Mitarbeiter Grüße ihres Chefs Mielke überbracht hätten. In seiner Rede soll Wolf eine enge Zusammenarbeit beider Geheimdienste gefordert haben. In diesem Zusammenhang, so berichteten die Anrufer übereinstimmend, hätte er ein Schreiben des neuen Bundeskanzlers Mies übergeben, in dem angewiesen sei, Herrn Guillaume als Berater des Leiters in Pullach einzustellen.

Etwas Unruhe im Saal soll es bei der Ankündigung Wolfs gegeben haben, daß nach einer eventuellen Vereinigung beider deutscher Staaten alle BND-Mitarbeiter überprüft werden würden. Diese Überprüfung, so Wolf, würde aber nur die berufliche Eignung betreffen, nicht die politische Einstellung. Diese sei, davon habe er sich jahrelang überzeugen können, mit der der Genossen seines Ministeriums für Staatssicherheit identisch.

Nach dieser Überprüfung könne es, sagte Wolf, zwar Zurückstufungen im Dienstgrad geben, aber keiner der Mitarbeiter werde entlassen. Es sei denn, daß der eine oder andere aus sogenannten Gewissens- oder anderen religiösen Gründen sich Bedenkzeit erbete, den Diensteid als »Schild und Schwert der Partei« abzulegen. Das allerding, so Wolf, würde ihn überraschen, denn Staat sei Staat, und dessen Sicherheit galt und gilt es zu garantieren. Nachdem diese Ausführungen mit Beifall quittiert wurden, fuhr Wolf fort, keiner solle sich später aber wundern, wenn der eine oder andere Mitarbeiter des BND plötzlich drei oder vier Dienstgrade nach oben rücke, das hätte dann schon seine Richtigkeit. Besonderen Applaus aber soll es gegeben haben, nachdem Wolf einen Major Joseph Duchac vorstellte, der, so Wolf wörtlich, »Erfahrungen im Erholungswesen des MfS« habe. Seine Aufgabe wurde dahingehend charakterisiert, in der nächsten Zeit geeignete Objekte für den BND zu Schulungs- und Erholungszwecken zu finden. Duchac soll bereits eine Liste mitgebracht haben, die er dort verlas und auf der verschiedene Hotels und Privatkliniken als »Objekte« bezeichnet wurden, so u. a. Objekt Schwarzwaldklinik, Objekt Zugspitze, Objekt Tegernsee usw. Unsere Nachfragen in Pullach, bei der Landesregierung und den Zuständigen im Bundeskanzleramt haben allerdings keine Bestätigung dieser Informationen der anonymen Anrufer ergeben. Trotzdem, da sie so konkrete Einzelheiten enthielten, können sie schlecht erfunden worden sein. Bei Recherchen in Pullach selbst berichteten Einwohner, sie hätten am Nachmittag des 30. März Autos mit DDR-Kennzeichen bemerkt.

Es bleibt die dringende Frage: Was geht hier vor in Pullach? Wollte man hier mit Desinformationen Unruhe stiften, oder geht hier wirklich etwas vor? fragt S.H.

DPA vom 3. April 1990:
Vertrauensvolles Gespräch auf Vilm

Herbert Mies informiert die internationale Presse in Bonn von seinem ersten Besuch als Bundeskanzler bei Erich Honecker

Bundeskanzler Herbert Mies informierte auf einer gestrigen Pressekonferenz die internationale Öffentlichkeit von seinem ersten offiziellen Besuch beim Generalsekretär der SED und Vorsitzenden des Staatsrates der DDR, Erich Honecker, in dessen Urlaubsort, der Ostseeinsel Vilm. Herbert Mies führte aus, daß dieses Gespräch in einer vertrauensvollen Atmosphäre und in voller gegenseitiger Übereinstimmung stattgefunden habe. Sowohl Fragen der sozialistischen Umgestaltung und des weiteren Aufbaus der Bundesrepublik Deutschland seien dabei erörtert worden als auch die dazu notwendigen konkreten künftigen Schritte.

Befragt, um welche Schritte es sich dabei handele, meinte der Bundeskanzler, daß sich das jeder selbst beantworten könne.

Die anschließende Bemerkung des Reporters der »New York Times«, daß es wohl nur um die Zeitpunkte der Währungsumstellung und der deutschen Vereinigung hätte gehen können, wurde vom Bundeskanzler nicht verneint.

Die Pressestunde endete mit einer Unstimmigkeit, denn bei der anschließenden Frage dieses Reporters, ob er es mit seinem Demokratieverständnis vereinbaren könne, solche wichtigen Daten ohne die gewählte Volksvertretung zu entscheiden, brach der Kanzler die Pressekonferenz mit der Bemerkung »Von solchen sogenannten Demokratieverständnissen habe ich nach 40 Jahren genug!« ab.

DPA vom 9. April 1990:

Bundestag faßt historischen Beschluß

Auf seiner gestrigen Sitzung beschloß der Deutsche Bundestag eine Reihe wichtiger historischer Entscheidungen.

Dem Antrag der DKP-Fraktion, die deutsche Vereinigung am 7. Oktober 1990, dem Nationalfeiertag der DDR, zu vollziehen, wurde mit großer Mehrheit zugestimmt. (Zwei Abgeordnete der CDU-PdS enthielten sich der Stimme.) Vertreter aller Fraktionen begrüßten dagegen diesen Vorschlag ausdrücklich.

Beifall erhielt der Abgeordnete der CDU-PdS, Pfarrer Hintze, als er bat, zu überprüfen, ob dieser Termin nicht vorverlegt werden könne. Zur Begründung sagte er, er schäme sich, noch weiterhin unter dem Zeichen des Bundesadlers – wörtlich:»Pleitegeier« – in diesem Hohen Hause seiner Verantwortung als gewählter Volksvertreter nachkommen zu müssen.

Der Fraktionsvorsitzende der DKP, Franz Xaver Kroetz, informierte danach die Abgeordneten, daß der Einigungsvertrag bereits in den nächsten Tagen durch das Mitglied des Parteivorstandes der DKP und Sekretär für innerparteiliche Angelegenheiten, Günter Verheugen, und einen zuständigen Vertreter der Botschaft der DDR in Bonn erarbeitet werde.

Die Währungsunion sei auf Vorschlag der DDR für einen nicht genauer genannten Tag vorgesehen. Um kriminellen Spekulationen vorzubeugen, werde dieser erst einen Tag vor dem Umtausch der DM in Mark der DDR bekanntgegeben. Der Umtauschsatz DM zu Mark der DDR werde voraussichtlich 10:1 betragen. Das entspreche nicht nur dem tatsächlich vergleichbaren Preisindex beider Staaten, sondern würde darüberhinaus eine historische Schuld begleichen.

Bekanntlich habe die DDR infolge des Zweiten Weltkriegs allein 350 Billion Mark (inklusive der entstandenen Zinsen) Reparationen an die sowjetische Siegermacht gezahlt.

Diese Informationen des Fraktionsvorsitzenden der DKP wurden von den Abgeordneten mehrheitlich mit Beifall aufgenommen.

ADN vom 30. April 1990:

Amtliche Mitteilung des Finanzministeriums der DDR zu Fragen des Vollzug des Währungsumtausches

Ab dem morgigen 1. Mai 1990, 0.00 Uhr, gilt auf dem Territorium der BRD eine neue Währung, die Mark der DDR. Der Umtauschsatz beträgt 100 DM gleich 10 Mark der DDR.

Spekulanten versuchten, sich bereits vor der Währungsumstellung durch den Tausch bestimmter Waren in den Besitz von Mark der DDR zu bringen. Dies konnte von den Zollorganen der DDR unterbunden werden.

Vorbereitungen auf den Tag der sozialistischen Vereinigung: hier ein Kartograph des VEB Hermann Haack, Gotha, bei der Einzeichnung der zukünftigen Bezirke und Kreise der neuen DDR

Die Löhne und Gehälter sowie die Preise für Waren und Dienstleistungen in der BRD werden dem Umtauschsatz angeglichen, d. h. verzehntelt.

Der Umtausch von Bargeld (maximal 500 DM : 50 Mark der DDR täglich) kann während der üblichen Öffnungszeiten bei allen Sparkassen und der Dresdner Bank der BRD vorgenommen werden. Andere Geldinstitute sind hierfür weder berechtigt noch in der Lage. Die bei diesen Instituten geführten Privat- und Geschäftskonten werden nominal umgestellt und sind innerhalb des Monats Juli 1990 auf die o.g. beiden Geldinstitute zu transferieren.

Nach Ablauf dieser Frist werden sämtliche fiskalischen Einrichtungen, außer der Sparkasse und der Dresdner Bank/Staatsbank der DDR, aufgelöst; die dort geführten und nicht transferierten Konten verfallen. Ein Anspruch auf Reklamation besteht nicht.

Der Zinssatz beträgt bei Konten bis 10.000 M der DDR 1,0 Prozent, bei Konten über 10.000 M der DDR 0,5 Prozent.

Konten mit einer Einlage über 100.000 Mark der DDR werden nach Überprüfung ihrer Rechtmäßigkeit zinslos eingefroren. Die Kontoinhaber sind berechtigt, davon jährlich 0,01 Prozent (maximal 600 M der DDR) abzuheben.

Berlin, Hauptstadt der DDR, den 30. 4. 1990

gez. Rump
Minister der Finanzen

Nach der Währungsumstellung begann auf dem Gebiet der ehemaligen BRD der Prozeß der Sozialisierung der Wirtschaft und des Handels. Über die Erfolge bei dieser revolutionären Entwicklung verweisen wir auf die Ausführungen der Genossen Alexander Schalck-Golodkowski (Wirtschaft) und Werner Jarowinsky (Handel) auf dem XII. Parteitag der SED. (Siehe S. 91 ff.)

BZ am Abend vom 8. Oktober 1990:

Zukunftsweisender Händedruck an historischer Stätte

★ **Festveranstaltung im Berliner Metropoltheater**
★ **Symbolischer Akt an geschichtsträchtiger Stätte: Erich Honecker und Herbert Mies erfüllen das Vermächtnis von Otto Grotewohl und Wilhelm Pieck**
★ **7. Oktober: neuer gesamtdeutscher Nationalfeiertag**
★ **Gäste aus aller Welt sind Zeugen dieses erhebenden Augenblicks**
★ **Kulturprogramm namhafter Künstler**

Mit minutenlangem Applaus der Ehrengäste, die sich von ihren Plätzen erhoben hatten, wurden die beiden Partei- und Staatsführer des in diesem Augenblick noch geteilten Deutschlands, Erich Honecker und Herbert Mies, begrüßt. Gemeinsam mit ihnen hatten im Präsidium Platz genommen: das Mitglied des ZK der KPdSU und Botschafter der UdSSR in der DDR, Gen P.I. Kotschewlassow, Mitglieder und Kandidaten des Politbüros der SED, des Parteivorstandes der DKP, Minister und Werktätige aus allen Klassen und Schichten des Volkes.

Der Arbeiterveteran Brandt fordert auf dem Sonderparteitag der SPD eine rasche Vereinigung seiner Partei mit der DKP

Brandt und Wehner Ehrengäste

Unter den Ehrengästen im Saal sah man führende Mitglieder der ehemaligen SPD, die sich bekanntlich auf ihrem Sonderparteitag am 21. April 1990 mit der DKP vereinigt hatte, wie Willy Brandt, Herbert Wehner, Hans-Jochen Vogel, Horst Ehmke, Egon Bahr, aber auch andere Parteiveteranen, von denen der eine oder andere gewiß Augenzeuge des hier vor über 44 Jahren stattgefundenen historischen Augenblicks, der Vereinigung von KPD und SPD, gewesen sein wird.

Nach einleitenden Worten Erich Honeckers zum Verlauf der jüngsten revolutionären Entwicklung in beiden deutschen Staaten erhob sich plötzlich das Präsidium von seinen Plätzen, und die Ehrengäste im Saal taten es ihnen gleich.

Was jetzt folgte, war ein erhebender Augenblick.

Wie einst Wilhelm Pieck und Otto Grotewohl

Herbert Mies schritt an die Seite Erich Honeckers, der ihm mit den Worten:»Einheit der Parteien, Einheit unseres Vaterlandes für immerdar!« die Hand reichte. »Ja, Erich, so soll es sein!« antwortete Herbert Mies, und beide Hände verbanden sich wie einst zum symbolischen Einheitszeichen.

Historischer Händedruck von Erich Honecker und Herbert Mies

So manchem im Präsidium und im Zuschauerraum fiel es da schwer, die Tränen zu unterdrücken. Dann aber setzte der Beifall ein, minutenlang stehende Ovationen für diesen Sieg der Vernunft, den Sieg der Geschichte, der Ideen des Marxismus-Leninismus auf deutschem Boden.

Triumphmarsch Ludwig Güttlers

Das anschließende Kulturprogramm wurde eingeleitet mit der nun gemeinsamen deutschen Nationalhymne »Auferstanden aus Ruinen«, die, begleitet vom Gewandhausorchester Leipzig unter der Stabführung von Kurt Masur, kräftig – von den älteren Genossen auswendig – angestimmt wurde.

Mit dem Trompetensolo »Triumphmarsch« aus Verdis »Aida« beendete der berühmte Dresdner Virtuose Ludwig Güttler den festlichen Teil.

Schlag auf Schlag(er)

Wolfgang Lippert, assistiert von Thomas Gottschalk, führte durch den beschwingten Teil des Programms. Marianne Rosenberg und Gunther Emmerlich boten Duos beliebter Operettenmelodien, die Kabarettisten Gisela Oechelhäuser und Dieter Hildebrandt geißelten in einem neuen Sketch die Ewiggestrigen.

Das süddeutsche Gesangsduo »Wildecker Herzbuben« erfreuten gemeinsam mit dem bekannten Paar Hauff & Henkler die Gäste mit volkstümlichen Melodien.

Anschließend tanzte Pina Pausch, unterstützt vom Kinderballett der Staatsoper Berlin, in einer extra für diese Veranstaltung erarbeiteten, symbolträchtigen Choreographie den »Sterbenden Schwan«.

Abschluß und Höhepunkt dieser historischen Festveranstaltung war, angestimmt vom Oktoberklub und einer Abordnung der Fischer-Chöre, der gemeinsame Gesang der »Internationale«, der noch einmal alle Mitwirkenden auf der Bühne vereinte.

6. Kapitel
»Die Partei, die Partei, die hat immer Recht!«
Zweite Etappe: Die Voraussetzungen für
die Schaffung der erweiterten Grundlagen
des Sozialismus in der ehemaligen BRD

Parteitage der SED sind Meilensteine. Die Zeit zwischen ihnen heißt
»Etappe« und hat eine streng wissenschaftliche Bezeichnung.

Für ihr Studium ist wichtig: Kernpunkt ist das Hauptreferat des Generalsekretärs. (Einige wörtliche Zitate daraus machen sich immer und überall sehr gut.) Zu merken sind weiterhin die Genossen des Politbüros, die ein Referat hielten, die Entschließungen der Revisionskommission und die Beschlüsse zu Kaderfragen.

Auf alle Fälle müssen Sie wissen, wie die nächste Etappe heißt. Die jetzige trägt die Bezeichnung: »Die Schaffung der neuen erweiterten umfassenden und vollständigen Grundlagen des Aufbaus des Sozialismus in der DDR«.

Es kann peinlich werden bzw. Ärger geben, je nach Ihrer Funktion, wenn Sie da etwa ein Attribut umtauschen oder gar ein anderes verwenden! (Sie sehen, es ist nicht ganz einfach. Aber mit etwas Mühe werden Sie es packen).

Die kompletten Materialien jedes, so auch des XII. Parteitages, sind im Dietz-Verlag erschienen und in jeder Volksbuchhandlung erhältlich.

Hier nur die Kernpunkte sowie Ausschnitte aus zwei wichtigen Referaten:

»Neues Deutschland« vom 10. Mai. 1991:
XII. Parteitag der SED eröffnet

★ **10 Uhr: Festliche Eröffnung im Palast der Republik durch den Generalsekretär der SED, Gen. Erich Honecker**

★ **Reden der Genossen Mittag, Mielke, Schalck-Golodkowsky und Jarowinsky**

* 1917 Delegierte, davon über 30 Prozent aus dem neuen Teil der DDR
* Wichtige Kaderfragen beschlossen:
* Herbert Mies zum Mitglied des Politbüros und Sekretär des ZK gewählt
* Ehemalige DKP- und SEW-Genossen werden nach dem Dokumentenumtausch Vollmitglieder der SED
* Zeit ihrer Parteizugehörigkeit wird angerechnet
* Allgemeine Kandidatenzeit für Genossen aus den neuen Bezirken und Kreisen auf drei Jahre verlängert
* Generalsekretär kann für neue Bezirkssekretäre Ausnahmen beschließen
* Als neue Kandidaten des ZK kooptiert: Klaus Kinkel und Günter Verheugen, stellvertretende ZK-Abteilungsleiter Sicherheit bzw. innerparteiliche Organisation für die neuen Bezirke

* SED geht mit gutem Beispiel bei Verwaltungsumstellung voran
  • Wahl der kommissarischen Ersten Sekretäre der neuen Bezirksleitungen der SED:
  • Gen. Oskar Lafontaine, Bezirk Saarbrücken,
  • Gen. Franz Xaver Kroetz, Bezirk München,
  • Gen. Rudolf Scharping, Bezirk Mainz,
  • Gen. Johannes Rau, Bezirk Düsseldorf,
  • Gen. Gerhard Schröder, Bezirk Hannover,
  • Gen. Wolfgang Gehrcke, Ernst-Thälmann-Stadt Hamburg (ehem. Schleswig-Holstein),
  • Gen. Lothar Späth, Bezirk Stuttgart,
  • Gen. Daniel Cohn-Bendit, Bezirk Frankfurt (Main)

* Erfahrene Genossen aus dem bewährten Teil der DDR werden die neuen Bezirks- und Kreisleitungen bei ihren Aufgaben unterstützen
* Neuer Direktor der Parteihochschule berufen: Genn. Sarah Wagenknecht
* Grußadressen der Jungen Pioniere und FDJler sowie der Armee und Grenztruppen überbracht
* Zahlreiche Mappen mit Verpflichtungen der Werktätigen von Rostock bis Konstanz überreicht

»Nur produzieren, was dem Volke dient...«
Auszüge aus der Rede des
Genossen Alexander Schalck-Golodkowsky

Liebe Genossen!

Gestattet mir, daß ich zunächst meine tiefe Befriedigung und vollinhaltliche Zustimmung zu den Ausführungen des Genossen Erich Honecker bekunde. Seine Worte werden auch in der nächsten Etappe unseres Kampfes Richtschnur unseres Handelns sein.

Ebenso stimme ich den Ausführungen des Genossen Günter Mittag zu, die er zu grundlegenden Fragen der Wirtschaftsentwicklung unseres Teils der DDR gemacht hat...

Neue Mitglieder der ZK-Wirtschaftskommission

Vor uns steht eine wichtige Aufgabe: die schrittweise Umwandlung der BRD-Wirtschaft in volkseigene, halbstaatliche und genossen-

Gen. Oskar Lafontaine, mit dem Leiter des Wehrbezirkskommandos der NVA, erläutert die Notwendigkeit, den Frieden zu schützen und »Soldat auf Zeit« zu werden.

Allmählich halten auch in der neuen DDR normale Eß- und Trink-gewohnheiten Einzug...

schaftliche Betriebe. Vielleicht scheint diese Aufgabe manchen Genossen mit Schwierigkeiten verbunden zu sein, aber ich kann versichern, daß wir innerhalb kürzester Zeit diese Zielstellung, wie sie vom Genossen Erich Honecker formuliert wurde, erreichen werden dank eines leistungsstarken, kampferprobten Kollektivs, wie es die Wirtschaftskommission des ZK war und ist.

Für diese spezielle Aufgabe der nächsten Tage und Wochen wurde dieses Gremium verstärkt. Als neue Mitglieder wurden kooptiert: die Kandidaten unserer Partei Irmgard Wulff-Matthies, Birgit Breuel, Otto Wolf von Amerongen, Bertold Beitz, Wilhelm Dornier, Edzard Reuter, Kurt Biedenkopf, Heiner Geißler, sowie der von uns allen verehrte Münchner Fleischermeister, Genosse Josef März...

Neuer Eigentümer: Das Volk

Eine der Hauptaufgaben, die von unseren Wirtschaftsjuristen bereits vorbereitet wurde, besteht darin, die Eigentumsform der Betriebe zu ändern und sie dem jeweiligen Ministerium oder den örtlichen Organen der Bezirke und Kreise zu unterstellen.

Die Erarbeitung von detaillierten Plänen und Kennziffern für diese Betriebe wird die Wirtschaftskommission in den nächsten Tagen beschäftigen. Die Aufgabe unserer Gewerkschaften wird es sein, in diesen Betrieben und Einrichtungen den sozialistischen Wettbewerb zu organisieren und schrittweise zur Aufstellung von Gegenplänen zu kommen...

Neue Produktion

Dabei konzentrieren wir uns auf solche Schwerpunkte wie die Wiederherstellung stillgelegter Eisenverarbeitungsbetriebe im Ruhrgebiet und Saarland, die Ausnutzung heimischer Ressourcen wie der Steinkohle sowie die Auslastung der Kapazitäten der Werften...

Genossen!

Lenin bezeichnete bekanntlich den Imperialismus als stinkenden und faulenden Kapitalismus. Das heißt, er produziert nicht nur an den Bedürfnissen des werktätigen Volkes vorbei, sondern er zwingt die Werktätigen auch, gegen ihre eigenen Interessen zu produzieren. Deshalb wird es unsere Aufgabe sein, zunächst zu prüfen, welche Betriebe welche Produkte produzieren, welche Artikel aus der Warenpalette für die Bevölkerung notwendig sind und welche nicht. So wird es also nicht nur Veränderungen im Produktionsspektrum geben, sondern es werden auch einige Betriebe ihre Produktion um- und einstellen müssen.

Was nicht gefragt ist...

Nehmen wir einige Beispiele, Genossen: Bier in Büchsen, was soll das? Taschentücher und Babywindeln, die nach einmaligem Gebrauch in den Müll wandern, Feuerzeuge, die man nicht nachfüllen und Rasierklingen, die man nicht schärfen kann, aufwendige Verpackungen – all das sind typische Merkmale einer sogenannten Wegwerfgesellschaft. Da mußte sich diese Gesellschaftsordnung nicht wundern, daß sie von den Werktätigen selbst weggeworfen wurde! (Heiterkeit im Saal)

...gegen Papierverschwendung

Im Ernst, Genossen, ist das nötig, ist das nicht eine unnütze Verschwendung von Rohstoffen, die anderswo dringend gebraucht werden? Oder nehmen wir die Druckindustrie. Es war schon ein gewaltiger Fortschritt, daß unter dem damaligen Bundeskanzler Herbert Mies zahlreiche Zeitungen und Zeitschriften ihr Erscheinen einstellen mußten und solche unappetitlichen Sexblätter, die die Würde unserer Frauen und Mädchen in den Schmutz traten, sowie andere die Gewalt verherrlichende Schundliteratur verboten wurden. Aber wenn ich mir den noch verbleibenden Wust von Zeitungen ansehe, in denen ja zum großen Teil dasselbe steht, muß ich mir die Frage stellen, ist so eine Papierverschwendung nötig, Genossen?

Auch Nebensächliches wichtig nehmen!

Aber es geht nicht nur um solche wichtigen Fragen bei der Neubestimmung von Produktionsprofilen, auch scheinbar weniger wichtige Dinge sollten unsere Aufmerksamkeit finden. Nehmen wir die Frage der modernen Bürotechnik. Dabei meine ich nicht die Arbeitsmittel in den Büros der staatlichen Betriebe und Einrichtungen, sondern es ist

Die zu erwartende Erhöhung der Geburtenrate in der neuen DDR ist der Anlaß eines Besuches von Unionsfreund Gerald Götting im VEB ZEKIWA Zeitz. Bei diesem neuen Modell konnte durch Einsparung des Fahrgestells eine Steigerung der Produktion von 400 % erreicht werden.

doch so, daß solche Geräte wie Computer, Drucker, Schnellschreibma-
schinen, ja sogar Vervielfältigungsgeräte, sogenannte Ablichtapparate
oder Kopierer, sich derzeit noch in vielen Privathaushalten der ehemaligen BRD befinden.

Das ist natürlich ein gewaltiges Sicherheitsrisiko, wie der Genosse
Mielke in seiner Rede völlig richtig bemerkte. Unkontrolliert könnten
hier konterrevolutionäre Schriften erstellt werden. Wie soll das Problem gelöst werden?

Das stehen wir durch

Der Genosse Mielke schlug vor, diese Geräte einsammeln zu lassen.
Das ist zwar im Prinzip richtig, würde aber, befürchte ich, zu einiger
Unruhe in der Bevölkerung der neuen Bezirke und Kreise führen. Wir
kennen das ja. Was haben sich sogar manche unserer erfahrenen DDR-
Bürger seinerzeit künstlich aufgeregt, als unsere FDJler ihnen aufs
Dach stiegen, um ihre Fernsehantennen in die richtige Richtung zu dre-
hen! Ich mache deshalb einen anderen Vorschlag, der weniger aufwen-
dig ist: Eine Zeitlang müssen wir das noch durchstehen, Genossen. Es
wird nicht lange dauern, dann brauchen diese Geräte Ersatzteile, die
einem natürlichen Verschleiß unterliegen, beispielsweise neue Farb-
bänder oder Farbpatronen.

Die Ersatzteilfrage ist zu lösen. Und da haben wir doch Erfahrung,
Genossen! (Teilweise Heiterkeit und Beifall)

Für die neuen Genossen nur soviel: Es wird solche Farbdinger einfach nicht mehr geben. Schließlich bestimmen wir, was produziert und
eingeführt wird und was nicht. So steht die Machtfrage. Mehr muß ich
wohl hier nicht zu dieser Problematik sagen ...

Die Autofrage

Nehmen wir ein anderes Problem, das der Bereitstellung von Pkws.
In der ehemaligen BRD hatte das eine gewisse Bedeutung. Das dürfen
wir nicht übersehen, Genossen! Bekanntlich gab es dort keine oder nur
geringe Wartezeiten. Das scheint auf den ersten Blick eine Errungenschaft gewesen zu sein, ist aber bei genauerem Hinsehen das Gegenteil!
Wie war denn die Situation? Die Besitzer der Autoindustrie der ehemaligen BRD bestimmten doch – bis zur Funktionsübernahme durch
den Genossen Herbert Mies – weitgehend die Politik der ehemaligen
Bundesregierungen!

Ohne Staus zügig voran!

Es gab keine Geschwindigkeitsbegrenzungen auf den Autobahnen und wenn, dann durfte ihre Einhaltung nur sehr nachlässig kontrolliert werden. Eine hohe Unfallrate war die Folge. Die Preise für den öffentlichen Nah- und Fernverkehr wurden künstlich in die Höhe getrieben, um den Absatz von Pkws abzusichern. Eine Lawine von Pkws überrollte die ehemalige BRD, der Verkehr kam durch zahllose Staus häufig zum Erliegen, und die Abgase zerstörten die Umwelt. Hinzu kam, daß die Vielzahl der bereitgestellten Modelle – einschließlich der importierten – nicht selten zur Verwirrung der Ordnungskräfte beitrug. Wir sehen also, Genossen, daß nicht alles, was nach einer Errungenschaft aussieht, auch wirklich eine ist! Was ist zu tun, um dieses Problem in den Griff zu kriegen?

Robur, Wartburg, Trabant

Unsere Wirtschaftskommission hat Richtlinien erarbeitet, die auf der nächsten ZK-Tagung auf dem Tisch liegen werden. Es ist darin u. a. vorgesehen, den Import von ausländischen Lkws und Pkws einzustellen, um so wertvolle Devisen einzusparen. Das Opelwerk in Rüsselsheim wird umgerüstet und dem IFA-Kombinat, Werk Ludwigsfelde, unterstellt. Das ehemalige Volkswagenwerk Wolfsburg wird dem VEB Sachsenwerk Zwickau angegliedert und wird sich in Zukunft auf die Produktion von Ersatzteilen für den Pkw Trabant konzentrieren. Alle anderen Betriebe der Autoindustrie der ehemaligen BRD werden der materiell-technischen Versorgung des Ministeriums für Verteidigung unterstellt. Vorgesehen ist insgesamt ein Produktionsausstoß mit einer jährlichen Kennziffer von ca. 4.000 Lkws (»LO Robur«) und 3.000 Pkws (»Trabant« und »Wartburg«). Selbstverständlich wird die strenge Einhaltung der StVO auch auf den Autobahnen der ehemaligen BRD, solange dort noch auslaufende Modelle zu Fahrten benutzt werden, gewährleistet werden müssen...

Marode Wirtschaft wird gesunden!

Genossen! Die Erfüllung meiner mir durch die Partei und andere Organe übertragenen Aufgaben hat mich – wie wahrscheinlich keinen anderen von uns – in der Vergangenheit oft dazu gezwungen, mich mit der maroden Wirtschaft der ehemaligen BRD vertraut zu machen. Das einzig Gute daran war, daß sie ihr Leitungssystem auf wenige Kader konzentriert hatten, die wir nur austauschen mußten. So fand ich auch in dieser Frage bestätigt, was Genosse Erich Honecker in seinen Ausführungen zu Beginn unseres Parteitages so treffend meinte, indem er einen Ausspruch des Genossen W.I.Lenin zitierte: »...bei den Konzernen schaut der Sozialismus aus jedem Fenster«. (Werke Bd. 37, S. 185) Mir persönlich, gestattet diese Bemerkung, Genossen, hat dieser Ausspruch von Lenin immer wieder Kraft gegeben, und er wird es auch in Zukunft weiterhin tun!

Unter Führung unseres Zentralkomitees und unseres Generalsekretärs Erich Honecker werden wir die kommenden Aufgaben meistern!

(Langanhaltender Beifall und Hochrufe auf das ZK sowie seinen Generalsekretär)

»Die Zukunft hat einen Namen: HO und Konsum«

Auszüge aus der Rede des Genossen Werner Jarowinsky:

Liebe Genossen!

Gestattet mir zunächst, im Namen aller Werktätigen des sozialistischen Groß- und Einzelhandels sowie des Hotel- und Gaststättenwesens und des Dienstleistungsbereiches meinen Dank und meine tiefe Genugtuung über die Worte unseres Generalsekretärs, des Genossen

Bereits kurz nach der Währungsumstellung war es einigen westdeutschen Betrieben gelungen, ihren Produkten ein ordentliches, formschönes Aussehen zu verleihen.

Erich Honecker, zum Ausdruck zu bringen. Die Werktätigen des sozialistischen Groß- und Einzelhandels, des Dienstleistungsbereiches sowie des Hotel- und Gaststättenwesens haben die revolutionäre Entwicklung der letzten Zeit mit Interesse und tiefer Anteilnahme verfolgt und sind, das möchte ich hier versichern, gut für die kommenden Aufgaben gerüstet. Worin bestehen sie, Genossen?

Umwandlung gut vorbereitet

Was die Genossen Mittag und Schalck-Golodkowski für ihre Bereiche so treffend ausführten, gilt auch für den Handel, die Dienstleistungseinrichtungen sowie für das Hotel- und Gaststättenwesen.

Die Umwandlung von privatkapitalistischen Handelseinrichtungen, Dienstleistungsbetrieben sowie Hotels und Gaststätten in sozialistische Einrichtungen ist, das können die Genossen der ehemaligen DKP bestätigen, bereits seit dem Währungsumtausch in vollem Gange. Ohne

Gen. Werner Jarowinsky bei der Einweihung der neuen Zentralen Warenstreuanlage für die Geschäfte und Einrichtungen der neuen Bezirke und Kreise der DDR

hier mit vielen Einzelheiten eure kostbare Zeit in Anspruch zu nehmen, seien nur einige Eckpunkte bei der Umwandlung genannt:

Die großen Handelskonzerne wie Hertie, Woolworth, Karstadt und andere wurden in KONSUMENT bzw. HO-Warenhäuser umgewandelt. Von den zahlreichen Modeboutiquen wurde eine ganze Anzahl wegen fehlender Nachfrage geschlossen, die anderen zu »Exquisit«-Geschäften umprofiliert. Lebensmittelgeschäfte wie ehemals »Kaiser's« oder »Meyer« wurden »HO-Delikat«-Selbstbedienungsgeschäfte. Lebensmitteleinrichtungen wie »Aldi«, »Spar«, oder »Pennymarkt« sowie der österreichische »Lidl«-Konzern wurden vom Konsum übernommen mit der Maßgabe, auch bei qualitätsgeminderten und preisherabgesetzten Waren eine ordentliche Verkaufskultur zu garantieren.

Luxus? Für die Werktätigen!

Bei den Gaststätten und Hotels ging die Entwicklung – das müssen wir kritisch und selbstkritisch feststellen – etwas langsamer.

Die Mehrzahl der Hotels und Gaststätten ist, das ist regional unterschiedlich, der HO bzw. dem Konsum unterstellt worden.

Einige der größeren, ehemaligen sogenannten Luxus-Hotels, wurden, soweit sie noch verfügbar waren und nicht als Gästehäuser verschiedener Institutionen reserviert waren, dem Feriendienst des FDGB übergeben. Die restlichen Objekte gehören zu »Interhotel«.

Umfangreiche Förderung privater Gaststätten und Hotels

Bei den kleineren Hotels und Gaststätten wurden zwischen der HO und dem Konsum mit den ehemaligen Besitzern Kommissionsverträge abgeschlossen, so daß auch bei ihnen die Versorgung mit Speisen und Getränken aufrechterhalten und für die Zukunft gesichert werden konnte. Allerdings war es nötig, so wie bei den HO- und Konsumgaststätten, auch sie zu beauflagen, ihre unansehnlichen, zum Teil schon abgenutzten und, wenn ich da an einige Weinrestaurants im Rheinland denke, sogar manchmal verschmutzten Inneneinrichtungen durch neue, formschöne Innenausstattungen des VEB Hellerau-Dresden zu ersetzen.

Besonderer Dank – Kampfprogramme gegen Nörgler

An dieser Stelle möchte ich die besonderen Aktivitäten unserer Blockfreunde von der LDPD hervorheben, die, gemeinsam mit den

A.P. Penck: 1991, Hamburger Aktivistin der HO, Ölgemälde, 76 x 96 cm,
Ehrengeschenk an den XII. Parteitag

Mitgliedern der ehemaligen F.D.P., uns tatkräftig unterstützten. Ohne
sie hätten diese Aufgaben nicht so schnell gelöst werden können.

Sie leisteten nicht nur bei den ehemaligen Besitzern eine wirksame
ideologische Überzeugungsarbeit, sondern es gelang ihnen auch, in
vielen Handelseinrichtungen, Hotels und Gaststätten den sozialistischen Wettbewerb zu initiieren. In den Kampfprogrammen dieser Kollektive sind jetzt auch solche Ziele wie Pünktlichkeit am Arbeitsplatz,
Senkung der Ausfallzeiten bei Inventurmaßnahmen, Freundlichkeit im
Umgang mit den Kunden und Gästen, sachkundige Beratung, usw. fest
verankert.

Aber auch das Ringen um ein selbstbewußtes Auftreten gegenüber
Nörglern und Besserwissern bei Erscheinungen angeblicher Qualitäts-
mängel oder Engpässe, die in der Übergangsphase durch nicht plange-
rechte Warenstreuung auftraten, finden in den Kampfprogrammen
ihren Niederschlag.

Kein Grund zum Ausruhen

Es war nicht einfach, Genossen, in der ersten Phase der sozialistischen Umgestaltung des Handels alle Bedürfnisse planmäßig zu befriedigen. Nehmen wir so ein wichtiges Problem wie den Bereich Reparatur und Dienstleistungen. Es hieße doch, Augenauswischerei zu betreiben, wollten wir behaupten, alles wäre schon so, wie wir uns das wünschen. In einer Reihe von Reparaturstützpunkten in der ehemaligen BRD kam es in der Vergangenheit wiederholt zu Engpässen bei der Bereitstellung der entsprechenden Materialien. Ebenso erfüllt die Anzahl der Komplexannahmestellen im Dienstleistungsbereich noch nicht alle Erwartungen. Zwar verfügen schon 72 Prozent der neuen Kreisstädte über eine solche Einrichtung, das ist aber kein Grund, sich auf diesen Lorbeeren auszuruhen.

Bis 1998 als soziales Problem gelöst!

Durch die Kraftstoff-Kontingentierung der letzten Monate traten regional bedingte Transportprobleme auf, die auch vor dem Dienstleistungsbereich nicht Halt machten. So betragen z. Z. bei einigen Komplexannahmestellen in der ehemaligen Bundesrepublik die Wartezeiten leider immer noch 12 bis 14 Wochen. Mit diesem Zustand dürfen wir uns nicht abfinden, Genossen!

Wir werden alles in unseren Kräften Stehende tun, um, wie Genosse Erich Honecker in seiner Grußadresse zum »Tag des sozialistischen Dienstleitungswesens, Groß- und Einzelhandels sowie des Hotel- und Gaststättenwesens«, ankündigte, das Materialproblem der Reparaturstützpunkte und der Wartezeiten in den Komplexannahmestellen bis zum Jahre 1998 als soziales Problem zu lösen.

Verwerfliche Kampagne

Genossen, ich will hier ganz offen reden: In der Übergangsphase kam zu den normalen Problemen bei der Umstellung des Handels hinzu, daß von gewissen Kreisen der CDU-PdS eine Kampagne unter der Losung »Kauft Westprodukte!« gestartet wurde, mit der man versuchte, eine strenge planmäßige Regulierung des Warenangebotes in Frage zu stellen. »Ostwurst schmeckt nicht, sie ist zu sehr gewürzt!« hieß es beispielsweise. Abgesehen von der Diffamierung durch den Begriff »Ost-Wurst«, wurde mit solch einer Parole aus diesen Kreisen heraus versucht, Waren aus dem bewährten Teil der DDR zu verunglimpfen, um damit künstlich Disproportionen in der Nachfrage zu schaffen und damit angebliche Versorgungslücken aufzuzeigen. Diese und ähnliche Kampagnen konnten aber dank der schnellen Reaktion der zuständigen Organe unterbunden werden.

Neuer Stolz entstanden

Liebe Genossen!

Ohne mich jetzt weiter in konkreten Einzelheiten zu verlieren, möchte ich betonen, daß die neuen sozialistischen Bedingungen im neuen Teil der DDR sowohl von den Werktätigen des Handels, der Dienstleistungsbetriebe als auch des Hotel- und Gaststättenwesens mit Genugtuung und teilweise mit Begeisterung aufgenommen wurden. War es doch so, daß im Kapitalismus gerade in diesen Bereichen die Werktätigen in ihrer Würde ständig verletzt wurden. »Bedienen«, »Der Kunde ist König« und ähnliche feudal-kapitalistische Spruchweisheiten brachten das zum Ausdruck. Damit ist nun endgültig Schluß! Wie alle anderen Werktätigen können auch sie jetzt die Vorzüge des Sozialismus genießen, ohne Angst um ihren Arbeitsplatz haben zu müssen, den Wert ihrer Persönlichkeit und ihrer Arbeit mit entsprechendem Stolz zum Ausdruck bringen.

Auf uns ist Verlaß!

Auch in ihrem Namen möchte ich an dieser Stelle die Gelegenheit nutzen, unserer Partei und ihrem Generalsekretär, Genossen Erich Honecker, zu danken für das tiefe Vertrauen, das den Werktätigen der Bereiche des Groß- und Einzelhandels, des Dienstleistungsbereiches sowie des Hotel- und Gaststättenwesens entgegengebracht wurde! Auf uns, so versichere ich euch, Genossen, wird stets Verlaß sein!

(Lang anhaltender Beifall)

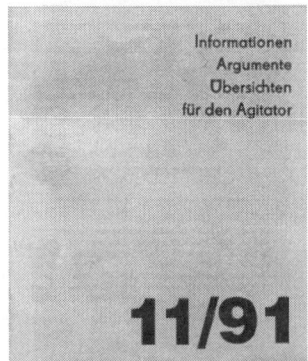

Informationen
Argumente
Übersichten
für den Agitator

11/91

Mit besonderer Genehmigung erscheinen hiermit erstmals in der *breiten Öffentlichkeit Auszüge von zwei Artikeln aus der parteiinternen Zeitschrift*

»Was und Wie ?« Informationen, Argumente, Übersichten für den Agitator (November-Heft 1991)

»Was ist los mit Krenz?«

Viele Genossen wundern sich, daß sowohl ein gewisser Herr Krenz als auch sein ehemaliger Abteilungsleiter im ZK der SED, Herger, sowie ehemalige Funktionäre des Zentralrats der FDJ wie die Herren Aurig, König, Rettner u.a. nicht mehr in der Öffentlichkeit genannt werden. Das hat gewichtige Gründe. Die Führung unserer Partei hat darauf verzichtet, diese Angelegenheit in der Öffentlichkeit breittreten zu lassen. Auf Fragen, die in den Reihen der Partei entstehen, sollte man jedoch offen, offensiv und schonungslos antworten.

Zur Vorgeschichte

Herr Krenz, im Oktober 1989 noch Mitglied des Politbüros und Sekretär des ZK der SED, nahm bekanntlich gemeinsam mit Genossen Erich Mielke an der Parade der Leipziger Kampfgruppen teil. Im Vorfeld vertrat Genosse Mielke die einzig richtige Meinung, daß die Genossen Kämpfer bei der Parade Teil I (d.i. Kampfausrüstung, Schutzmaske usw.) mitzuführen haben, da es sich um eine Kampfparade handele. Krenz vertrat dagegen die irrige Meinung, eine Parade mit aufgepflanzten Bajonetten müsse als Ehrenparade aufgefaßt werden, also sei ohne Teil I zu marschieren. Krenz setzte sich mit seiner sektiererischen Auffassung damals rigoros durch und entfachte damit den verständlichen Unwillen des Genossen Mielke.

Ungeheuerliche Entdeckung!

Bei anschließenden Nachforschungen, warum Herr Krenz zu solch einer schädlichen Auffassung gelangen konnte, klärten die Genossen des MfS eine ungeheuerliche Tatsache auf: Krenz, sein Abteilungsleiter Herger und einige Mitglieder des Zentralrates der FDJ hatten sich im Frühjahr/Sommer 1989 regelmäßig in der Jugendhochschule der FDJ, in Bogensee, getroffen, um dort konspirativ konterrevolutionäre Pläne auszuhecken!

So war unter anderem darüber palavert worden, wer von den erfahrenen kampferprobten Genossen der Parteiführung »in Rente gehen« sollte (!), und wer von den Verschwörern selbst dann welche Funktionen einnehmen würde. Namentlich war sogar an den Generalsekretär der SED sowie an den Genossen Mielke gedacht worden!

Bewährung in der Produktion

Nachdem diese ungeheuerlichen innerparteilichen Putschversuche aufgedeckt worden waren, wurden alle Teilnehmer dieser Treffen verhaftet und sofort aus den Reihen der Partei entfernt. Da sie geständig waren und Reue zeigten, wurde ihnen die großzügige Möglichkeit gegeben, sich zu bewähren.

Die Herren der FDJ und Herr Herger arbeiten heute im Braunkohlentagebau »Schwarze Pumpe«, und Herr Krenz ist tätig als Unterstufenlehrer in Putbus (Kreis Bergen/Rügen).

»Was und Wie?« Informationen, Argumente, Übersichten für den Agitator (Dezember-Heft 1991)

Ehemalige Angehörige des »Verfassungsschutzes«, des BND und »V-Männer« – bestrafen oder eingliedern?

Beim Dokumentenumtausch der Genossen der ehemaligen DKP und SEW tauchten ihrerseits berechtigte Fragen auf, deren klassenmäßige Beantwortung für die Agitatoren vor allem in den neuen Bezirken und Kreisen der DDR eine gewisse Bedeutung hat.

Die gestellten Fragen bezogen sich hauptsächlich auf die Tatsache, daß fast alle Mitarbeiter des ehemaligen Verfassungsschutzes und des ehemaligen BND der ehemaligen BRD, sowie ehemalige sogenannte V-Männer, heute entweder Mitarbeiter des Ministeriums für Staatssicherheit (MfS) oder weiterhin als Informelle Mitarbeiter (IM) bzw. als Offiziere im besonderen Einsatz (OibE) tätig sind. Diese Fragen konnten entstehen, weil die Genossen der ehemaligen DKP und SEW natürlich noch nicht über den reichen Schatz an Erfahrungen im Klassenkampf, beim Aufbau des Sozialismus, verfügen, wie die Genossen der SED.

Geduld und Verständnis, Genossen!

Deshalb muß man ihnen in den Gesprächen zu diesen Fragen mit Geduld und Verständnis entgegenkommen. Selbst wenn sie verlangen sollten, daß diese ehemaligen »Verfassungsschützer« aus den Reihen des MfS entfernt werden müßten bzw. sogar in einigen Fällen deren Bestrafung fordern, sollte man zunächst mit Überzeugung versuchen, sie von dieser sektiererischen Einstellung abzubringen.

Sie begründen das oft durch konkrete Beispiele, in denen diese ehemaligen sogenannten Verfassungsschützer, BNDler oder V-Männer im Zuge ihrer »undemokratischen Schnüffelpraxis« angebliche Beweise gesammelt haben sollen, die in Einzelfällen zu jahrelangem Berufsverbot der observierten Genossen geführt hätten.

Münchner Volkspolizisten beim Empfang neuer technischer Geräte für die Aufrechterhaltung von Ordnung und Sicherheit.

Was und wie ist dem zu entgegnen?

Auf alle Fälle ist zunächst einmal, das müssen die Genossen noch lernen, ein klassenmäßiges Herangehen an diese Frage notwendig.

Dabei holen wir uns Rat bei unseren sowjetischen Freunden und Genossen.

Wie schrieb der Begründer und Vater der Tscheka, der Genosse Feliks Edmundowitsch Dzierzynski am 16. November 1919 in der »Iswestija«?:

»Wir wollen keinesfalls all jene vernichten, die früher Kapitalisten waren, im Gegenteil, wir fordern sie auf, in unseren Dienst zu treten. Doch dabei sagen wir ihnen: Seid ehrlich, versucht nicht, unsere Reihen zu sprengen, und ihr werdet mit allen Werktätigen gleichgestellt werden. Doch wehe denen, die die Vergangenheit wieder lebendig machen möchten, sie werden wir als unsere Klassenfeinde erbarmungslos vernichten.«

»Außerordentliche Umstände«

Diese ehemaligen sogenannten V-Männer sind geläutert, sind heute Genossen, Mitglieder der SED und darüber hinaus Angehörige eines staatlichen Organs. Sie haben einen Schwur geleistet, als Schild und Schwert der Partei selbst ihr Leben nicht zu schonen, wenn es um die Abwehr der Feinde des Sozialismus geht. Ist man, so muß man die ehemaligen Genossen der DKP und SEW fragen, der Meinung, es gäbe keine Feinde des Sozialismus mehr? Ist durch den Sieg des Sozialismus die revolutionäre Wachsamkeit überflüssig? Verschärft sich der Klassenkampf etwa nicht mehr? Spitzt sich die internationale Lage nicht mehr zu? Das Gegenteil ist der Fall!

Als Beweis dafür auch hierzu noch ein Zitat des Genossen Dzierzynski:

»Die Großbourgeoisie haben wir besiegt, die verbliebenen Feinde haben sich in vielen unserer staatlichen Einrichtungen festgesetzt, sabotieren und behindern unsere Arbeit... Der Kampf gegen sie, gegen diese Konterrevolutionäre, kann nur der Außerordentlichen Kommission übertragen werden, nicht aber dem Revolutionstribunal... Wir sind nicht gegen Publizität, sind aber gegen Abschaffung der Außerordentlichen Kommission, denn die Periode der außerordentlichen Umstände ist noch nicht vorüber.«

Parteischädigung an die entsprechende PKK

Was Genosse Dzierzynski schon damals so richtig feststellte, um wieviel mehr gilt das heute, Genossen!

Die Geschichte lehrt, daß jedes Sektierertum, jedes versöhnlerische Nachlassen der revolutionären Wachsamkeit, der Sache des Friedens und des Sozialismus schweren Schaden zufügen kann. Wollen das diese Genossen? Sicher nicht.

Wenn sie aber trotz unserer geduldigen Argumentation weiter auf solchen Fragestellungen beharren, tun sie das objektiv!

Sie richten damit innerhalb der Reihen der Partei großen Schaden an. Parteischädigendes Verhalten aber ist eine Sache, Genossen, von der unverzüglich die jeweiligen Parteikontrollkommissionen in Kenntnis zu setzen sind.

Die Zitate der Worte des Genossen F.E. Dzierzynski stammen aus *dem Buch »Feliks Dzierzynski. Biographie«, Dietz Verlag Berlin 1981, S. 182 u. S. 200. Dieses Werk gibt Antworten auf viele aktuelle Fragen, sein gründliches Studium sei an dieser Stelle nochmals jedem Agitator wärmstens empfohlen.*

7. Kapitel
»Dem Morgenrot entgegen«
Dritte Etappe: Die Schaffung der umfassenden Grundlagen der Entwicklung des Sozialismus in der ehemaligen BRD

Die Auswertung des XII. Parteitages beginnt
Eine Chrestomathie (d. h. Blumenstrauß)
der Erfolge

 Chrestomathie ist ein Wort der alten Griechen. Es bedeutet soviel wie Blumenstrauß.

Im letzten Kapitel haben wir nun von jedem Beet unseres gemeinsamen blühenden Gartens DDR eine Blume gepflückt, um Ihnen diesen Strauß am 45. Geburtstag unserer Republik zu überreichen: Herzlichen Glückwunsch!

»Saarbrücker Zeitung« vom 13. Januar 1992:
Aus der Geschichte lernen

Das Kollektiv der Partei- und Staatsführung vor dem Geburtshaus des Genossen Honecker in Wiebelskirchen.

Festliche Eröffnung des Museums der Geschichte der Arbeiterbewegung in Wiebelskirchen (Kreis Neunkirchen)
Teilnahme des Generalsekretärs des ZK der SED und Vorsitzenden des Staatsrates der DDR, Gen. Erich Honecker, sowie weiterer Mitglieder der Partei- und Staatsführung
Ansprache von Herbert Mies vor 100.000 Einwohnern des Saar-Bezirkes
Beim anschließenden Rundgang durch die Räume des Museums Lob für Mitarbeiter für die Aufarbeitung der Dialektik des Klassenkampfes

Begeisternde Kundgebung

Zur Eröffnung hatten sich über 100.000 Einwohner aus allen Teilen des Bezirkes Saarbrücken versammelt. In seiner Eröffnungsrede hob das Mitglied des Politbüros und Sekretär des ZK der SED, Gen. Herbert Mies, u. a. hervor, daß die ehemaligen Saarländer stolz darauf sein können, die Geburtsstätte eines so hervorragenden Führers der deutschen Arbeiterklasse in ihrem Bezirk haben zu können. Sein Dank gelte in diesem Augenblick vor allem dem Genossen Honecker, der der Bitte des Ersten Sekretärs der Bezirksleitung der SED Saarbrücken, Gen. Oskar Lafontaine, entsprochen habe, in seinem Geburtshaus dieses Museum einrichten zu dürfen.

Gerade die Einwohner des Bezirkes Saarbrücken hätten in der Vergangenheit am meisten unter den Folgen der kapitalistischen Mißwirtschaft, der Stillegung ihrer Eisen- und Stahlwerke, zu leiden gehabt. Sie seien es auch, die am deutlichsten das Aufblühen ihrer Städte und Gemeinden unter den neuen sozialistischen Bedingungen spüren könnten. So würden hier im ehemaligen Saarland, betonte Herbert Mies abschließend unter dem Beifall der Kundgebungsteilnehmer, die Früchte des Kampfes der Arbeiterklasse für alle sichtbare Wirklichkeit.

Beredte Zeugnisse der Geschichte

Anschließend begaben sich die Mitglieder der Delegation zu einem ersten Rundgang durch das neuerrichtete Museum. Im Erdgeschoß war eindrucksvoll durch Fotos, Schautafeln und persönliche Erinnerungsstücke das Leben und der Kampf Erich Honeckers nachempfunden. Neben Fotos, auf denen er als Trommler der Wiebelskirchner Schalmeinkapelle abgebildet ist, wurden Faksimiles seines ersten Artikels als Agitator des Jungfrontkämpferbundes der KPD in der »Saarfaust« abgebildet. Es schlossen sich Fotos aus seiner Gestapo-Haftzeit an sowie erste Bilder aus seiner Zeit als Leiter des sozialistischen Jugendverbandes, der FDJ, die ihn an der Seite solch verdienter Arbeiterführer wie Walter Ulbricht, Otto Grotewohl und Wilhelm Pieck zeigen. Die nächsten Schautafeln demonstrieren die Volksverbundenheit Erich Honeckers: als Generalsekretär und Staatsratsvorsitzenden sieht man ihn bei Bergarbeitern unter Tage, auf den Feldern bei Genossenschaftsbauern, in vertrauter Runde mit namhaften Kunst- und Kulturschaffenden und Sportlern.

Ein wegweisendes Buch

Abschluß und Höhepunkt dieser ersten Etage ist das Buch »Bilanz – Aus unserem kampferfüllten Leben«. Erich Honecker und seine Kampfgefährtin, das Mitglied des ZK der SED und Minister für Volksbildung, Margot Honecker, gewährten darin dem Kunstpreisträger der DDR und Mitbegründer des Berliner Oktoberklubs, dem Liedermacher und Schriftsteller Reinhold Andert und dem Diplom-Kulturwissenschaftler und Autor verschiedener antifaschistischer Reportagen, Wolfgang Herzberg, ein ausführliches Interview. In den letzten Passagen dieses Werkes aus dem Jahr vor der Vereinigung der DDR analysierten beide Persönlichkeiten die damalige politische Lage und äußerten sich vorausschauend zu Fragen der Zukunft beider deutscher Staaten dahingehend, daß eine Einheit Deutschlands unter sozialistischem Vorzeichen noch in diesem Jahrtausend durchaus denkbar wäre. Dieses bekannte Werk, daß an Aktualität bis heute nichts eingebüßt hat, bildet den Grundstock der Pflichtlektüre sowohl in jedem Staatsbürgerkundeunterricht als auch im marxistisch-leninistischen Grundstudium aller Hoch- und Fachschulen der DDR. Eindrucksvoll wird hier an Hand von diversen Buchausgaben aus aller Welt dokumentiert, daß dieses Werk bisher in 246 Sprachen erschienen ist.

Kraft durch Einheit

Im Obergeschoß des neuen Museums liegt der Schwerpunkt der Fotos und Schautafeln auf der Bündnispolitik der Arbeiterklasse und ihrer Partei. In der ersten Abteilung spannt sich ein weiter Bogen von den ersten Bemühungen der KPD, im Kampf gegen das Naziregime eine Einheitsfront zu schaffen, über die Vereinigung der beiden Arbeiterparteien KPD und SPD im April 1946 bis zur Gründung der in der Nationalen Front der DDR vereinten Parteien und Massenorganisationen. Dokumentiert werden in der zweiten Abteilung zahlreiche Beispiele der vertrauensvollen Zuammenarbeit. Den Schluß bildet die Dokumentation der jüngsten Entwicklung.

Blick in die Ausstellung in der ersten Etage des Museums

Sonderparteitage der SPD und CSU

Zu sehen sind Bilder vom Sonderparteitag der SPD vom April 1990, auf dem die Delegierten um Anschluß an die SED baten, und von der Parteikonferenz der DBD, der Demokratischen Bauernpartei Deutschlands, die einstimmig die Aufnahme der Mitglieder der bayrischen CSU beschlossen hatte. Nachzulesen ist ein Ausschnitt aus der Rede des Vorsitzenden der CDU, Unionsfreund Gerald Götting, der alle Mitglieder der CDU der BRD herzlich einlädt, in den Reihen seiner Partei tatkräftig am sozialistischen Aufbau mitzutun. (Bekanntlich folgten nicht alle Mitglieder dieser Partei seinem Aufruf, lediglich die gesunden Kräfte fanden diesen richtigen Weg. Einige Unverbesserliche spalteten sich unter der Führung des Rechtsanwaltes Byssi als CDU-PdS ab und versuchen nun, vor allem in ihrer Republikanischen Plattform, die Restauration kapitalistischer Mißstände zu propagieren und die Erfolge beim Aufbau des Sozialismus in der ehemaligen BRD zu verunglimpfen.)

Treu im Bündnis: LDPD und NDPD

Auf einer anderen Schautafel überreicht Otto Graf Lambsdorff dem Vorsitzenden der LDPD, Freund Manfred Gerlach, eine Grußadresse der Mitglieder seiner Partei, in der dem Verlangen der Mitglieder dieser Partei Ausdruck verliehen wird, in Zukunft gemeinsam bei der Vollendung des Sozialismus in der DDR wirken zu wollen. Der Vorsitzende der NDPD, Heinrich Homann, ist auf einem Foto im Kreise von Generälen und Offizieren der ehemaligen Bundeswehr zu sehen. Die Bildunterschrift besagt, daß vor allem Angehörige dieser Armee die Reihen der NDPD stärken.

Am Schluß des Rundganges bedankte sich Erich Honecker für die gelungene, eindrucksvolle Darstellung der Zeugnisse der Geschichte der deutschen Arbeiterklasse, zollte allen am Zustandekommen verantwortlichen Mitarbeitern höchstes Lob und Anerkennung.

»ROTER STERN« (Hamburger Wochenzeitung/Organ des FDGB) vom 25. Mai 1992:

Konferenz der Besten

★ **Erste Bestarbeiterkonferenz im neuen Teil der DDR in der Duisburger Rheinhausen-Halle bekräftigt: unsere ganze Kraft für die Stärkung des Sozialismus**

- ★ Neue Verpflichtungen zur Vorbereitung des 45. Jahrestages der DDR und des XIII. Parteitages der SED
- ★ Grüße Erich Honeckers überbracht
- ★ Günter Mittag und Harry Tisch sprachen
- ★ Generaldirektor Beitz verliest Grußadresse an den Generalsekretär der SED
- ★ Wanderfahne des ZK der SED und des Ministerrats der DDR an VEB Schneidgerätewerk Solingen übergeben

Die besten Kolleginnen und Kollegen von Flensburg bis Kostanz konnten auf ihrer ersten Bestarbeiterkonferenz in ihrer Mitte das Mitglied des Politbüros und Sekretär des ZK, Günter Mittag, sowie das Mitglied des Politbüros und Vorsitzenden unseres FDGB, Kollegen Harry Tisch, begrüßen.

Günter Mittag überbrachte die Grüße des Generalsekretärs des ZK, Erich Honecker.

In seinem Hauptreferat berichtete Harry Tisch von seinen zahlreichen Besuchen bei den Kolleginnen und Kollegen vor Ort.

Anläßlich der Bestarbeiterkonferenz eröffnet Harry Tisch eine neue, handvermittelnde bürgernahe Telefonzentrale für den Bezirk Düsseldorf

Günter Mittag überbringt die Grüße Erich Honeckers

Erstaunt und befriedigt hätte er überall eine hohe Arbeitsintensität zur Kenntnis genommen. In zahlreichen freundschaftlichen Gesprächen zeigten sich die Kolleginnen und Kollegen bestens informiert über die Planaufgaben. Das hätte es früher, unter kapitalistischen Bedingungen, nicht gegeben, daß sie über ihre Aufgaben so umfassend informiert worden wären. Harry Tisch bestätigte den menschenfeindlichen Charakter des Kapitalismus mit den Worten des Genossen Erich Honecker auf dem XII. Parteitag: »Der Imperialismus schaut bei den Konzernen aus jedem Fenster« (Lenin, Werke Bd 29, S. 278).

Täglich neu erkämpft

Viele Kolleginnen und Kollegen hätten, so Harry Tisch , die Gelegenheit wahrgenommen, sich für die umfangreichen sozialpolitischen Maßnahmen, wie Ferienheime, Kindergärten, schmackhaftes und preiswertes Betriebsessen, Frauenruheräume, Handels- und Dienstleistungseinrichtungen auf dem Betriebsgelände usw. bei ihm und der Partei- und Gewerkschaftsführung zu bedanken. Stolz hätten ihm einige Kolleginnen und Kollegen ihren neuen Versicherungsausweis gezeigt. Keine Bürokratie mehr, kostenlose Kuren, Krankenhausaufenthalte, Medikamente. Es mache jetzt richtig Spaß, stellten sie scherzhaft fest, krank zu sein.

Oben:
Manifestation der Werktätigen von Duisburg-Rheinhausen
am Rande der Bestarbeiterkonferenz

Unten:
Die Arbeit im neueröffneten Stahlwerk Rheinhausen
kann beginnen...

Harry Tisch habe ihnen gegenüber festgestellt, daß diese Errungenschaften niemandem in den Schoß fallen. Sie müßten tagtäglich neu erkämpft werden.

Der Schlüssel dafür läge nicht nur in einer täglichen Planerfüllung, sondern in der Aufstellung von Gegenplänen, in der Organisierung des sozialistischen Wettbewerbs. Besonderes Augenmerk gelte dabei der Entfachung der Neuererbewegung. Wie aber sähe es damit manchmal noch aus, fragte Harry Tisch die Konferenzteilnehmer.

Noch viel zu tun ...

Im VEB Rostocker Neptunwerft, Werk Blohm & Voss Ernst-Thälmann-Stadt Hamburg, im VEB Chemiekombinat Bitterfeld, Werk Hoechst Frankfurt (Main), im VEB Carl Zeiss Jena, Werk Kochem und vielen anderen Großbetrieben mußte er sich davon überzeugen, daß die Grundvoraussetzungen für die Durchführung eines sozialistischen Wettbewerbs noch nicht ausreichend vorhanden waren. So arbeiteten beispielsweise noch nicht alle Kollektive nach der sowjetischen Krawzcyk-Methode, deren Vorteil ja bekanntlich darin bestehe, durch minimalen Einsatz der Mittel eine hohe Effektivität zu erreichen.

In mehreren Aussprachen, gemeinsam mit Genossen aus den Stammbetrieben, die im Rahmen der sozialistischen Hilfe dort leitend tätig sind, wurde die Frage aufgeworfen, warum darüberhinaus solche bewährten Instrumente wie Wandzeitungen, »Tafel der Besten«, die Auswertungen in den Betriebszeitungen oder im Betriebsfunk nicht ausreichend genutzt würden.

Hier lägen noch ungenutzte Reserven, die es gelte, durch einen erhöhten politisch-moralischen Einfluß der Parteigruppen auf einige Vertrauensleute zu erschließen.

Aber Kollege Tisch nannte auch gute Beispiele.

Die Richtung muß stimmen

So habe ihm im VEB Sachsenring Zwickau, Werk IV/ Wolfsburg, der Leiter der Vorfertigung, der spanische Kollege José Ignazio López, versichert, auf Grund der Einführung des Zweischichtsystems sowie der sowjetischen Krazcwyk-Methode und der täglichen Abrechnung der Planerfüllung wäre bei ihnen die Voraussetzung geschaffen, noch in diesem Jahr 160.000 Auspuffanlagen zusätzlich zu produzieren. Den überheblichen Einwand des anwesenden Generaldirektors von Zwikkau, der inzwischen abgelöst wurde, soviel Auspuffanlagen brauche »kein Schwein«, hielt Genosse Tisch nicht nur für obszön, sondern vor allem für falsch, denn die politisch-ideologische Stoßrichtung (piS), in der dieser spanische Kollege gedacht habe, stimme. Und darauf käme es schließlich an, betonte Harry Tisch am Schluß seiner mit viel Beifall bedachten Rede.

Aus der Grußadresse an den Generalsekretär der SED:

»Richtschnur unserer heutigen Aussprache wie auch unserer weiteren täglichen Arbeit und unseres politischen Wirkens ist uns Deine Rede auf dem XII. Parteitag. Ganz in diesem Sinne haben wir auch Deine früheren Worte an die Kollektive des Kombinats Mikroelektronik anläßlich der Übergabe des Musters des 32-bit-Mikroprozessors als Orientierung für unsere Arbeit verstanden. Wir versichern Dir, sehr geehrter Genosse Honecker, unsere ganze Kraft dafür einzusetzen, den Sozialismus auch im neuen Teil der DDR weiter zu stärken und den Kurs der Hauptaufgabe in ihrer Einheit von Wirtschafts- und Sozialpolitik für ein Leben aller Bürger in Frieden, sozialer Sicherheit und Geborgenheit konsequent fortzusetzen.«

Wanderfahne überreicht

Die Wanderfahne des DDR-Ministerrates und des FDGB wurde an das Werk VII des VEB Werkzeuge- und Schraubenfabrik Schmalkalden/Schneidgerätewerk Solingen verliehen. Diese hohe Auszeichnung nahm der stellvertretende Betriebsdirektor, Gen. Otto Wolff von Amerongen, aus den Händen von Harry Tisch und Günter Mittag entgegen.

»Lehrerzeitung« vom 3. Oktober 1992:

Nicht für die Schule, sondern für das Leben lernen wir

Minister für Volksbildung, Margot Honecker, weilte in Marburg

Anfang Oktober weilte die Ministerin für Volksbildung, Genn. Dr. hc. Margot Honecker, im Bezirk Frankfurt (Main) und besuchte mehrere Bildungseinrichtungen des Kreises Marburg. Bei ihrem Besuch im Polytechnischen Zentrum des VEB Elektromechanik Marburg-Nord äußerte sie sich zufrieden über die Sauberkeit der Ausbildungsstätte. »Sauberkeit«, betonte die Ministerin, »ist das A und O einer sozialisti-

schen Volksbildung. Vor allem die Sauberkeit in den Köpfen, die Be-
seitigung des geistigen Unrats der Vergangenheit, dabei müßt ihr, die
Werktätigen, unseren Schülern und Lehrern helfen«.

Verpflichtender Name

Anschließend begab sich die Ministerin in das ehemalige Elisabeth-
Lyzeum. Gerade in dieser katholischen Schule, an der ausschließlich
weibliche Schülerinnen von sogenannten Nonnen ausgebildet werden,
hatte es bei der Einführung der neuen Lehrpläne Startprobleme gegeben. Vor allem für die Fächer Geschichte und Staatsbürgerkunde fehl-
ten geeignete Lehrkräfte. Der neue Direktor aus Eisenach, ein Genosse, der trotz seines Rentenalters dem Ruf der Partei hierher gefolgt war,
hatte sich mit der SED-Kreisleitung seiner Heimatstadt in Verbindung

Die Ministerin
für Volksbildung,
Margot
Honecker,
bei ihrem Besuch
im Polytech-
nischen Zentrum
des VEB
Elektromechanik
Marburg-Nord

gesetzt, und so war es ihm gelungen, wenigstens die Grundversorgung in diesen Fächern von sechs Wochenstunden pro Klasse abzusichern. Er war es auch, der den Vorschlag machte, die Schule umzubenennen. Auf der Suche nach einem geeigneten Namen war er auf den einer polnischen Widerstandskämpferin in der ehemaligen BRD aufmerksam gemacht worden.

Während eines feierlichen Fahnenappels auf dem Schulhof des ehemaligen Elisabeth-Lyzeums nahm nun am Nachmittag die Ministerin für Volksbildung, Genn. Dr. hc. Margot Honecker, die feierliche Umbenennung in »3. EOS – Theresa Orlowski« vor.

In fröhlicher Runde

Nach der Namensverleihung begab sich die Ministerin zu den Schülerinnen, die sofort einen fröhlichen Kreis um sie bildeten. Genossin Honecker erkundigte sich bei ihnen, wie sie mit solchen für sie ungewohnten Fächern wie Deutsch, Mathematik, Chemie, Biologie, Physik, Erdkunde, Russisch und Staatsbürgerkunde zurechtkämen.

Ob so eine Schulbildung nicht mehr Spaß mache als immer nur Religionsunterricht, Beten und Kirchenliedersingen. Die Mädchen senkten verschüchtert die Köpfe. Man merkte ihre Aufregung, einer Ministerin persönlich gegenüberstehen zu dürfen. Zustimmung fand Genossin Honecker auch, als sie sagte, daß es doch höchste Zeit sei, diese ihre Schulkleidung, die sie als »Graue Säcke« bezeichnete, gegen farbenfrohe, leuchtend blaue FDJ-Blusen umzutauschen. Danach wurden die Mädchen gefragt, was sie davon hielten, auch an ihrer Schule, so wie ab jetzt überall in Marburg und den anderen Städten der neuen DDR, sogenannte gemischte Klassen einzuführen. Eine Schülerin antwortete ihr darauf, daß sie schon seit längerem gemischte Klassen hätten. In ihrer Klasse stamme beispielsweise eine Mitschülerin aus Italien und eine andere aus Griechenland. Als Genossin Honecker entgegnete, daß sie mit »gemischt« Mädchen und Jungen meinte, erröteten einige Schülerinnen. Andere begannen zu kichern. Ungläubig wurde die Ministerin angestarrt, als sie erläuterte, daß im bewährten Teil der DDR schon seit längerem Jungen und Mädchen sogar auf einer Schulbank nebeneinander säßen. Der herbeigewunkene Staatssekretär, der dies bestätigte, erinnerte an den Termin in der Aula und so wurde die Ministerin mit herzlichem Beifall von den Mädchen verabschiedet.

Neue Direktoren

Auf der anschließenden Lehrerkonferenz in der Aula der »3. EOS – Theresa Orlowski« ging die Ministerin auf aktuelle Probleme der klassenmäßigen Erziehung und Bildung ein. Bei ihrem Besuch hätte sie bemerkt, daß die Fragen der Ordnung und Disziplin in der ehemaligen kirchlichen Schule ausgezeichnet gelöst worden seien, dagegen in den anderen Schulen noch einiges zu tun wäre, um diese Probleme in den Griff zu bekommen.

In diesem Zusammenhang ging sie auf die Frage eines Marburger Lehrers ein, die die neuen Direktoren betraf. Es sei ja nicht so, antwortete die Ministerin, daß alle neuen Direktoren aus dem bewährten Teil der DDR kämen. Bei der Neubesetzung würde auch darauf geachtet, daß solche Kollegen aus dem neuen Teil der DDR berücksichtigt würden, die früher unter dem schändlichen Berufsverbot für demokratisch gesinnte Lehrer zu leiden hatten.

Abends lernen, morgens lehren

Trotzdem aber seien Direktoren aus dem bewährten Teil der DDR in jedem Fall die besseren, da sie als oft Neulehrer 1945 vor der gleichen Situation gestanden hätten, wie die Lehrer heute aus der ehemaligen BRD: abends lernen, morgens lehren.

Es hätte harte Auseinandersetzungen in der Parteiführung über die Frage der Lehrer gegeben, berichtete Genossin Honecker. Sie aber hätte sich gegen die sektiererische Meinung einiger durchsetzen können, alle Lehrer der ehemaligen BRD zu entlassen.

Nach einer Überprüfung seien ja, wie bekannt, nur die ehemaligen Direktoren, die Mitglieder der CDU-PdS, die Geschichtslehrer und solche, die durch ihre Beantwortung der Prüfungsfragen eine indifferente Haltung zum Sozialismus zu erkennen gaben, aus dem Schuldienst entfernt worden. Alle anderen, die den Eid geleistet haben, seien ja weiterbeschäftigt. Auf die Erkundigung eines älteren Chemielehrers nach einer Gehaltsangleichung, (seine junge Kollegin aus der DDR, die als Pionierleiterin beschäftigt sei, verdiene das Doppelte), verbesserte ihn die Ministerin, daß er ja jetzt auch ein »Kollege aus der DDR« sei, und daß sie aber oft die Dankbarkeit bei einigen Lehrerinnen und Lehrern der ehemaligen BRD vermisse. Nach Erlangung der nötigen gültigen Abschlüsse würde auch die Gehaltsfrage in Einzelfällen geprüft werden.

Keine individualistischen Experimente!

Auf die Frage einer Lehrerin, ob sie im Fach Deutsch das sowjetische Buch »Wie der Stahl gehärtet wurde« – nur aus sprachlichen Erwägungen heraus – nicht durch das Werk eines DDR-Schriftstellers ersetzen dürfe, antwortete die Ministerin, daß Lehrpläne nicht dem Gutdünken eines Lehrers unterlägen, sondern auf wissenschaftlicher Grundlage beruhten.

Die Akademie der Pädagogischen Wissenschaften habe für alle achten Klassen der neuen DDR gerade dieses Werk ausgewählt, weil es sich bei der Erziehung mehrerer Generationen bewährt habe. Die Ministerin warnte in diesem Zusammenhang noch einmal eindrücklich vor individualistischen Experimenten im einheitlichen Bildungs- und Erziehungsprozeß. In ihren mit Beifall bedachten Abschlußbemerkungen zitierte die Ministerin einen Ausspruch des sowjetischen Pädagogen I.M. Makarenko: »Nicht für die Schule, sondern für das Leben lernen wir!«

»Bauernecho« vom 10. Oktober 1992:
Im Herbst wird geerntet

Werner Krolikowski zu Besuch der LPG Vilshofen, Kreis Passau

Ein Bericht unseres Mitarbeiters Wieland Droste-Hülsoff

Auf der Anleitung zum bevorstehenden Besuch Werner Krolikowskis im Bezirk München wurde er vom Vertreter des »Bayernkurier« gefragt, warum gerade Vilshofen die erste Station seines Besuches sei. Es gäbe doch schon vorbildlichere Genossenschaften in diesem Bezirk als Vilshofen.

Solche Fragen, antwortete Gen. Krolikowski, stünden einem Pressevertreter zwar nicht zu, er wolle aber trotzdem darauf antworten.

Erstens werde das Besuchsprogramm mit den jeweiligen örtlichen Organen abgestimmt, ihr Vorschlag sei Vilshofen gewesen. Die Genossen wüßten schon warum. Er nehme an, das sei deshalb geschehen, da im Kreis Passau viele ehemalige CSU-Politiker der ehemaligen BRD wohnhaft und beschäftigt seien.

Das machte uns Presseleute natürlich alle sehr neugierig.

Brot und Salz

Bei unserer Fahrt in den Süden passierte unser Autokonvoi bei Hirschberg die Münchener Bezirksgrenze. Auf dem Gelände des ehemaligen Grenzüberganges, der sehr gepflegt aussah, wurden wir von einer Delegation aus dem Bezirk München begrüßt. Zwei junge Mädchen in Dirndltracht entboten Werner Krolikowski nach Landessitte Brot und Salz. Das erste freundschaftliche Gespräch führte Genosse Krolikowsky mit dem Ersten Sekretär der Bezirksleitung München, Franz Xaver Kroetz, sowie dem Vorsitzenden des Rates des Bezirkes, Edmund Stoiber, und dem Bezirksvorsitzenden der Nationalen Front, Heinrich Graf von Einsiedel.

Stoiber, so entnahm ich unseren Materialien, war nach der Vereinigung von CSU und DBD Vorsitzender der DBD im Kreis München-Stadt geworden. In dieser Funktion hatte er sich große Verdienste erworben bei der Organisation eines großen Volksfestes zu Ehren der Großen Sozialistischen Oktoberrevolution, dem früheren Oktoberfest. Durch seine revolutionäre Wachsamkeit gelang es ihm, gemeinsam mit seinen Parteifreunden Tandler und Huber, das anfänglich feindliche Wirken der CDU-PdS in München zu enttarnen und unterbinden zu lassen. Bei der letzten Parteiwahl der DBD wurde er zum Bezirksvorsitzenden Münchens gewählt und mit der Funktion des Vorsitzenden des Rates des Bezirkes betraut.

An der Kreisgrenze Passau, vor dem Ort Deggendorf, wiederholte sich das Empfangszeremoniell in Anwesenheit der Verantwortlichen des Kreises. Bald war der Ortsrand von Vilshofen erreicht.

Der verlorene Sohn kehrte zurück

Die Einwohner hatten ihre Gemeinde zu Ehren dieses hohen Besuches mit Lampion- und Wimpelketten geschmückt. Vor dem Kulturhaus der LPG wartete man schon ungeduldig auf die Delegation. An der Spitze des Empfangskomitees stand ein kleiner Mann mit ziemlich auffälligen Augenbrauen, er erinnerte uns an den ehemaligen Finanzminister Theo Waigel. Er war es auch, stellte sich später heraus. Bei unserer Ankunft stürzte er gleich auf Genossen Krolikowski zu, überschüttete ihn mit einem Redeschwall und ruderte dabei mit den Armen. Genosse Krolikowski versuchte ihn zu beruhigen, indem er ihm immer wieder freundschaftlich auf die Schulter klopfte. Später erfuhr ich aus der Umgebung des Genossen Krolikowski, daß Waigel versucht habe, ihm gegenüber die Vorwürfe im Zusammenhang mit seiner früheren Tätigkeit, die vor einem halben Jahr durch die Presse gingen, zu entkräften. Damals stand auch er vor Gericht wegen des Verdachts auf Korruption und Amtsmißbrauch. Die Arbeiter- und Bauerninspektion (ABI), die diese Fälle überprüfte, hatte festgestellt, daß er bei seinen Flügen Bonn – München – Bonn immer einen personengebundenen Pkw dieselbe Strecke vorausschickte, um von diesem am Flugplatz abgeholt zu werden.

Waigel konnte damals beweisen, daß dies auf Anweisung des damaligen Ministerpräsidenten F. J. Strauß und des Bundeskanzlers Kohl geschehen sei. Um das Andenken von F. J. Strauß nicht in den Schmutz zu ziehen, wurde damals, nach einem Hinweis des Genossen Honecker, das Verfahren eingestellt. Waigel zog sich aus der Politik zurück und übernahm den Bauernhof seiner Eltern in Vilshofen. Als es zur Gründung der LPG (Typ I) kam, trat er als einer der ersten ein und wurde zum Vorsitzenden gewählt.

Überall im neuen Bezirk München liegen noch Reserven für eine intensive landwirtschaftliche Nutzung.

Der Kaiser von Österreich ist nicht gefragt

Der Saal des Kulturhauses war überfüllt. Beim Eintritt unserer Delegation erhob man sich von den Plätzen, der Applaus und die Hochrufe wollten kein Ende nehmen. Werner Krolikowski informierte die Vilshofener in seiner Ansprache über die jüngsten Beschlüsse des XII. Parteitages der SED und des 5. Plenums des ZK.

In der sich anschließenden Aussprache ergriffen 13 Redner das Wort. Neben einer breiten Zustimmung zu den Ausführungen des Genossen Krolikowski gab es auch Fragen zur gegenwärtigen Entwicklung in der hiesigen Landwirtschaft.

Der Vorsitzende der LPG »St. Florian« aus Münzkirchen, Kreis Passau, Ignatz Kiechle, bedankte sich bei der Partei- und Staatsführung für die sozialistische Hilfe im letzten Sommer durch eine Mähdrescherbrigade aus dem thüringischen Kreis Sonneberg. Ob er auch im nächsten Jahr damit rechnen könne, war seine Frage. Sie wurde bejaht.

Aber es gab auch Erheiterndes. So fragte beispielsweise die Leiterin der Geflügelaufzuchtanlage Galgweis, Kreis Passau, Gloria von Thurn und Taxis, ob sie sich an den österreichischen Kaiser wenden müsse, um ein Notstromaggregat und ein zusätzliches Futtergetreidesilo genehmigt zu bekommen. Durch die zeitweilige Stromabschaltung während der Spitzenzeiten und die Unregelmäßigkeit der Futterbelieferung komme sie oftmals bei der Planerfüllung ins Schwitzen.

Pferde nach Athen tragen

In seinem Schlußwort ging Genosse Krolikowski noch einmal auf alle geäußerten Fragen ein. Ihm zu sagen, daß es Schwierigkeiten beim Aufbau einer sozialistischen Landwirtschaft gäbe, hieße, Pferde nach Athen zu tragen. Er verspreche aber, sich bei den zuständigen Stellen für eine schnelle, unbürokratische Lösung aller hier geäußerten Probleme einzusetzen.

Der Rundgang durch die LPG Vilshofen führte zunächst zum Gebäude der MAS, der Maschinenausleihstation. Auf die Frage an den Betriebsschlosser, wie es um die Ersatzteilfrage stehe, antwortete dieser: »Prima, und wenn nicht, ein Bayer ist erfinderisch!« Genosse Krolikowski stimmte dem zu und gab noch den wichtigen Hinweis, daß es in Zukunft nicht nur um den bloßen Austausch von Ersatzteilen gehe, sondern daß die Hauptaufgabe in deren Regenerierung und Wiederverwendung bestehe.

Das Fahrrad von vorn erfinden?

Anschließend fuhr die Delegation auf den Hof des LPG-Vorsitzenden, um den dortigen Stall zu besichtigen: 12 Milchkühe, 2 Pferde, 4 Schweine, 6 Ferkel, ca. 30 Hühner – alle gut im Futter und saubere Boxen –, das fand anerkennende Worte. Wie es um die Effektivität bestellt sei, wurde Theo Waigel von Genosse Krolikowski gefragt. Ob man nicht beim nächsten Schritt den Typ II überspringen könne, um gleich zum Typ III, der genossenschaftlichen Viehhaltung, überzugehen? Dadurch würde auch der Übergang von der MAS zur MTS, der Maschinen-Traktoren-Station, entfallen. Man müsse doch das Fahrrad nicht immer wieder von vorn erfinden, meinte Werner Krolikowski scherzhaft. Sie wollten schon, meinte Waigel, sie hätten schon den Anfang des Übergangs zu Typ III mit dem Bau einer Milchviehanlage geplant.

Alles sei schon vorbereitet gewesen, auch eine zusätzliche Arbeitskraft für diese Anlage sei ihnen vom Kreis zugesichert worden. Die finanzielle Seite sei auch bestätigt, nur bekäme man sie in den nächsten drei Jahren nicht materiell untersetzt. Die Baukapazitäten des Kreises seien schon verplant.

Arbeit schändet nicht, Herr Rechtsanwalt!

Daraufhin wandte sich Genosse Krolikowski an den Vorsitzenden des Rates des Kreises: Warum Geld und Planstelle und keine Baukapazität?

Der entschuldigte sich, das Geld hätten sie übriggehabt, und bei der Arbeitskraft handle es sich um einen ehemaligen Rechtsanwalt aus Berlin, einen gewissen Gysi, Gregor, den sie von der Abteilung Inneres des Bezirkes zugewiesen bekamen. Genosse Krolikowsky kannte den Fall:

Nach der Hilfeleistung für das ungarische Brudervolk hatten gewissenlose Elemente in Berlin Flugblätter verteilt, waren gefaßt und verurteilt worden. Ihr Pflichtverteidiger, dieser Gysi, verstieg sich damals zu der Unverschämtheit, Freispruch für diese Ganoven zu fordern. Daraufhin wurden einige dunkle Punkte in seiner Vergangenheit aufgedeckt, man entzog ihm die Lizenz als Rechtsanwalt, und er bekam Hauptstadtverbot. Da er als Beruf Melker angab, wurde er in den Bezirk München zur Bewährung in der landwirtschaftlichen Produktion delegiert.

Genosse Krolikowski wies den Ratsvorsitzenden an, die Sache mit der Baukapazität zu klären. Formalistisches Herangehen, meinte er abschließend, bremse oft die Initiativen und führe manchmal zu Erscheinungen der Resignation und Gleichgültigkeit, die im Sozialismus keinen Platz hätten.

Düngen, düngen und nochmals düngen…

Da hinter dem Waigelschen Hof die Felder begannen, begab sich die Delegation zu Fuß dorthin.

Gen. Krolikowski überzeugt sich von der guten Qualität des Vilshofener Freilandgemüses

Ein ungewöhnlicher Anblick, diese kleinen schmalen Handtuchfelder, alle zehn Meter etwas Neues: Hafer, Kartoffeln, Raps, Gerste, Sonnenblumen, Weißkohl. Der lange Weg hatte den Genossen Krolikowski wohl etwas angegriffen, denn die Delegation verharrte, und Genosse Krolikowski erkundigte sich nach dem Bodenwert. Fünfzehn, war die Antwort. Das sei nicht viel, aber bei gründlicher Düngung sei dieser Nachteil wettzumachen. Düngen, düngen und nochmals düngen, dann könne man sogar über das Ablieferungssoll hinaus noch einige freie Spitzen erwirtschaften. Er ließ sich einen Weißkohl reichen, prüfte und lobte dessen Festigkeit und erklärte den Umstehenden die Vorteile einheimischen Feldgemüses: Treibhausgemüse, so hätten sowjetische Wissenschaftler des weltberühmten »Lysenko-Instituts« festgestellt, enthalte beispielsweise weniger Vitamine als Feldgemüse. Deshalb sei schon früher für die DDR der Irrweg der Treibhäuser nicht in Frage gekommen.

Freiland ist Freiland

Der Vorteil bei Freilandgemüse wie Rot- und Weißkohl, Gurken, Tomaten, Rosenkohl, Kürbissen usw. läge auch bei einer besonders kostengünstigen Lagerhaltung, die im Freien erfolgen könne. Vom Geschmack gar nicht zu reden.

Das Gleiche gelte für die jahreszeitlich bedingt anfallenden Obstsorten wie Äpfel, Birnen, Pflaumen, Kirschen oder Erdbeeren: Freiland ist Freiland. Hinzu komme, daß die Volkswirtschaft bei großer Importabhängigkeit störanfällig werde. Störunanfällig machen, Eigenversorgung auf dem Gebiet Obst und Gemüse, laute die Devise. Wir hätten uns früher, sagte Genosse Krolikowski, auch mit Treibhauskohl aus Holland versorgen können. »Die Holländer«, sagte er wörtlich, »wollten das. Die waren ganz scharf darauf, ihr Zeug bei uns loszuwerden. Ich habe selbst mal so eine holländische Tomate gekostet: kein Geschmack, nur Wasser.

Dieses Gemüse wäre uns in den Geschäften verfault, genauso wie diese sogenannten Südfrüchte. Wir haben beispielsweise versucht, der Bevölkerung Apfelsinen aus Kuba bereitzustellen. Was war das Ergebnis? Riesenangebot – keine Nachfrage, Müllabfuhr. Diese Experimente wurden dann ganz eingestellt, und wir haben uns voll auf unsere einheimischen Freilandprodukte konzentriert. Und dieser Weg hat sich bewährt, Genossen. Mehr brauche ich wohl in diesem Zusammenhang nicht zu sagen.«

Nach diesen Ausführungen des Genossen Krolikowski begab sich die Delegation zurück zu den Fahrzeugen. Eine kurze Aufstellung für die zahlreichen Fotografen, ein herzlicher Händedruck, und weiter ging die Fahrt Richtung Bezirkshauptstadt. Ein erlebnisreicher Tag war zu Ende.

»Unsere Zeit« vom 5. Januar 1993:
Ein Demokrat meldet sich zu Wort

Ein Bürger, Bruno Hintz aus Wolfsburg, bringt in einem Schreiben an die Bezirksleitung der SED Hannover seine Sorge um die Wahrung der sozialistischen Demokratie zum Ausdruck. Hier ein Auszug aus seinem Schreiben:

Liebe Genossen!

Die CDU-Verbrecherorganisation hat 40 Jahre ca. 70 Millionen Menschen geknechtet, geschändet, ermordet, unterdrückt – moralisch, seelisch und körperlich kaputtgemacht. 1.800 Menschen wurden ermordet. Ich nenne nur einige Stichpunkte und Namen: Jupp Müller, Benno Ohnesorg, Stammheim, die vielen DDR-Grenzsoldaten ... Das Oberste Gericht der DDR hat den übriggebliebenen Rest (Kohl und Konsorten) als Totschläger verurteilt.

Daß sie begnadigt wurden, nimmt nichts von ihrer Schuld. 360.000 Quadratkilometer wurden durch Atomkraftwerke, Chemiebetriebe, Übungsplätze der NATO-Armeen etc. verseucht, vergiftet, abgeholzt und verdreckt. Die meisten Menschen hausten wie Schweine, entweder obdachlos oder in ihren verkommenen, überteuerten Wohnungen. Altenheime waren verdreckt, nicht selten bekamen die Insassen »Sterbehilfe« von »geschultem Personal«. Die Krankenhäuser waren veraltet und verkommen. Die offizielle Arbeitslosigkeit betrug 2 Millionen, die tatsächliche, aber verdeckte, betraf über 9 Millionen Menschen. Keine Produkte aus dem sozialistischen Ausland, nur Ausschußware.

Dies alles verursacht durch eine Verbrecherclique, gestützt auf ca. 6 Millionen willfährigem Abschaum und Ausbeutern. Ihr Name: CDU. Die gesunden Kräfte haben bereut, Abbitte getan und wirken nun tatkräftig am Aufbau des Sozialismus mit. Der Rest hat sich einen neuen Namen gegeben: CDU-PdS. Sie betrachtet sich als Rechtsnachfolgerin der CDU mit allen Rechten (viel ergaunertes Geld und Immobilien) und Pflichten (Diffamierung der sozialistischen Demokratie). Sie hetzt die Bürger in diesem ehemaligen Verbrecherstaat auf, bei den Wahlen unter die »Kandidaten der Nationalen Front« das Verbrechersignet »CDU-PdS« zu schmieren und damit ihre Stimme ungültig zu machen. So kommt es, daß in einigen Bezirken nur 96 Prozent gültige Wahlstimmen abgegeben werden. Das und viele andere Gründe bewegen mich, diese CDU-PdS als »Clique der Unverbesserlichen – Partei der Schurken oder Schweine« zu bezeichnen. Ich setze sie gleich mit der Verbrecherorganisation der Kohl-CDU. Es wird höchste Zeit, ihnen das Handwerk zu legen!

S. 129:
Konferenz zur Vorbereitung der Klärung von Rechts- und Sicherheitsfragen
in den künftigen neuen Bezirken und Kreisen der DDR

»Die Neue Justiz« vom Februar 1993:

Menschenrechte erstmals umfassend garantiert

Interview mit dem neuernannten Generalstaatsanwalt der DDR, Gen. Prof. Dr. Peter-Paul Przslibski, das unseren Mitarbeitern Jutta Limbach und Roman Herzog gewährt wurde

»Neue Justiz«: Genosse Professor Generalstaatsanwalt, die Vereinigung der ehemaligen BRD zur DDR hat auch im Rechtssystem der DDR Veränderungen hervorgerufen. Hätten Sie die Güte, uns einige wesentliche zu nennen?

Gen. Przslibski: Die wichtigste Veränderung haben wir in der Präambel zum Strafgesetzbuch (StGB der DDR) manifestiert. Dort hieß es früher wörtlich, ich zitiere:

»Es (d.h. das StGB, J.L.) dient dem entschiedenen Kampf gegen die verbrecherischen Anschläge auf den Frieden und die Deutsche Demokratische Republik, die vom westdeutschen Imperialismus und seinen Verbündeten ausgehen, und die die Lebensgrundlagen unseres Volkes bedrohen. Es dient zugleich dem Kampf gegen Straftaten, die aus dem Fortwirken der Überreste der kapitalistischen Zeit erwachsen und durch feindliche Einflüsse und moralische Verfallserscheinungen aus den imperialistischen Staaten genährt werden«.

Diese beiden Sätze wurden vom Rad der Geschichte überrollt, sie konnten gestrichen werden.

»Neue Justiz«: Genosse Professor Generalstaatsanwalt, welche Änderungen juristischer Relevanz gab es darüber hinaus?

Gen. Przslibski: Relevanz gab es keine. Es galt und gilt in der DDR die Verfassung und das StGB der DDR, die sich beide jahrzehntelang bewährt haben. Die sozialistische DDR war, ist und bleibt der Hort des Rechts, die Heimat der Menschenrechte. Daß das Territorium und die Anzahl der Bevölkerung der DDR sich durch die weltverändernden historischen Ereignisse des Sieges des Sozialismus nun vergrößert haben, ist und bleibt für die Praxis unserer sozialistischen Rechtspflege ohne Bedeutung.

»Neue Justiz«: Genosse Professor Generalstaatsanwalt, es gab doch zur ehemaligen BRD Unterschiede im Rechtssytem...

Gen. Przslibski: Das will ich wohl meinen! Sie können doch einen Unrechtsstaat wie die ehemalige BRD mit ihrer Schnüffelpraxis des Verfassungsschutzes, die Verfolgung antifaschistischer, friedliebender demokratischer Kräfte, das Verbot demokratischer Parteien und Massenorganisationen, wie das der KPD oder FDJ, und die Praxis der Berufsverbote, die rechtliche Begründung von Arbeitslosigkeit, Armut und Obdachlosigkeit usw. usf. nicht mit dem Rechtsstaat DDR vergleichen! Das ist wie Feuer und Wasser!

»Neue Justiz«: Aber verbietet denn nicht jedes Staatswesen ihm feindlich gesinnte Kräfte? Ich denke hier an das jüngst erfolgte Verbot der rechtsextremistischen CDU-PdS, das wir natürlich rechtsstaatlich unanfechtbar finden, Genosse Professor Generalstaatsanwalt...

Gen. Przslibski: Ich muß mich sehr über Ihre Fragestellung wundern, meine Herrschaften. Auch ihre Benutzung von veralteten Begriffen gefällt mir nicht. Wie waren Ihre Namen? Lindbach...und Herzberg... Sie stammen sicher aus der ehemaligen BRD. Wo waren Sie früher tätig? Doch nicht etwa in der Justiz?

»Neue Justiz«: Limbach ist mein Name, Jutta Limbach, Genosse Professor Generalstaatsanwalt. Ich war früher im Justizapparat der selbständigen politischen Einheit Westberlin tätig. Zeitweilig sogar als Justizsenatorin. Ich sage das nicht aus Stolz, im Gegenteil. Heute schäme ich mich dafür, unwidersprochen immer die Anweisungen aus Bonn hingenommen zu haben. Eine gewisse Schuld an den vielen Unrechtsurteilen trifft deshalb auch mich. Ich will aber alles in meinen Kräften Stehende tun, um...

Gen. Przslibski: Schon gut, Frau Lindbach. Und Sie, Herr Herzberg?

»Neue Justiz«: Ich heiße Herzog, Genosse Professor Generalstaatsanwalt. Roman Herzog. Ich war früher in einer untergeordneten Funktion am ehemaligen Bundesverfassungsgericht tätig. Eine Art Bote, aber auch ich mache mir...

Gen. Przslibski: Zu Ihrer Frage: Selbstverständlich herrscht bei uns gemäß der Verfassung politische Meinungs- und Glaubensfreiheit.

Das galt auch für diese Gruppe der CDU-PdS. Es waren ja nicht die unterschiedlichen politischen Auffassungen, der die Vertreter dieser Gruppe anhingen, die Gründe für ihr Verbot. Bekanntlich gingen von ihnen ständig kriminelle Aktionen aus, die wir uns eine Zeitlang mitangesehen haben, ohne sie zu ahnden. Die Langmut unserer Organe grenzte dabei schon oft ans Unerträgliche. Aber nach der illegalen Einfuhr und Vertreibung der »Stammheimer Notizen«, einer Hetzschrift von Herrn Kohl aus Paraguay, war das Maß voll. Sie verstießen damit eklatant gegen Paragraph 106 des StGB (Staatsfeindliche Hetze), gegen Paragraph 146 (Verbreitung von Schund- und Schmutzerzeugnissen), umgingen die Bestimmungen des Zoll- und Devisengesetzes sowie die Richtlinien bei der Herstellung von Druckerzeugnissen. Diese kriminellen Delikte waren ausschlaggebend dafür, die Rädelsführer dieser Gruppe zuzuführen und zu verurteilen. Mit politischer Meinungsfreiheit hat dies nichts, aber auch gar nichts, zu tun.

»Neue Justiz«: Da sind wir voll und ganz Ihrer Meinung, Genosse Professor Generalstaatsanwalt! Aber unsere Frage von vorhin erbat einen anderen Aspekt. Wir wollten die juristische Untersetzung der sich nun veränderten Eigentumsverhältnisse ansprechen.

Gen. Przslibski: In dieser Frage des Eigentums gibt es in der Geschichte der DDR Traditionen und bewährte Erfahrungen. Diese Frage ist auch kurz im Einigungsabkommen erwähnt worden. Dort steht, daß – ähnlich wie nach dem Sieg der ruhmreichen Sowjetarmee über den Hitlerfaschismus 1945 – das Eigentum von Kriegsgewinnlern entschädigungslos zu enteignen ist und dem Volk übergeben wird.

Da bis zum 7. Oktober 1990 zwischen der BRD und der DDR in der einen oder anderen Form der Kalte Krieg geführt wurde, ist sämtliches vor diesem Stichtag erworbenes Eigentum (ab 1933) an Grund und Boden, Immobilien, Produktionsstätten usw. in sozialistisches Volkseigentum zu überführen.

»Neue Justiz«: Genosse Professor Generalstaatsanwalt, gibt es in dieser Frage, auch bei Juristen der ehemaligen BRD, nicht andere Denkansätze? Wie ist überhaupt die Situation der Justiz in der ehemaligen BRD?

Gen. Przslibski: Von anderen Denkansätzen ist mir nichts bekannt. Ihre Frage nach der Situation der Justiz der ehemaligen BRD möchte ich dahingehend beantworten, daß es die deutsche Justiz schon immer ausgezeichnet verstanden hat, den gegebenen politischen Machtverhältnissen zu entsprechen.

Das ist auch heute der Fall. Viele Richter, Staatsanwälte, staatliche Notare und sonstige Justizangestellte arbeiten bereits ausgezeichnet mit den neuen Materialien und haben darüberhinaus beispielsweise den Wunsch geäußert, möglichst bald die Reihen der SED zu stärken. Zur Zeit gilt zwar noch ein Aufnahmestopp wegen des Überhanges an Intellektuellen in den Reihen der Partei, da viele Intellektuelle aus der ehemaligen BRD den gleichen verständlichen Wunsch hatten, aber auch das wird sich ändern.

»Neue Justiz«: Genosse Professor Generalstaatsanwalt, viele unserer Leserinnen und Leser aus der ehemaligen BRD sind sogenannte frei niedergelassene Rechtanwälte und Notare. Was wird aus ihnen? Bleibt ihre Lizenz gültig?

Gen. Przslibski: Im Prinzip ja. Diese Lizenzen ruhen nur zur Zeit. Die entsprechenden Kollegen haben nach einem einjährigen Zusatzstudium an einer juristischen Fakultät einer Hochschule der DDR – auch im Fernstudium – die Möglichkeit, einen Antrag auf Reaktivierung der Lizenz zu stellen. Allerdings wird dies auf Grund der Quotierung nicht allen möglich sein. Etwa jeder Zehnte von ihnen aber wird in den Genuß der Wiedererlangung seiner Lizenz kommen. Damit wird das Verhältnis zum bewährten Teil der DDR angeglichen. Es ist doch so, daß in der Praxis der sozialistischen Rechtspflege, das dürfte Ihnen bekannt sein, der Staatsanwalt der beste Rechtsanwalt des Bürgers ist. Einen extra Rechtsanwalt halte ich, privat gesagt, für überflüssig.

»Neue Justiz«: Genosse Professor Generalstaatsanwalt, was machen denn die anderen Rechtsanwälte, werden die arbeitslos?

Gen. Przslibski: Es dürfte ebenfalls bekannt sein, daß es Arbeitslosigkeit im Sozialismus nicht gibt. Es sind Qualifizierungsmaßnahmen für Bauberufe vorgesehen, die jedem Bürger offenstehen. Und nicht zuletzt haben diese ehemaligen Rechtsanwälte die Chance – ihre politische Eignung vorausgesetzt –, von der Partei auserwählt zu werden, um als ehrenamtliche Schöffen oder in den Konflikt- und Schiedskommissionen tätig zu werden.

»Neue Justiz«: Genosse Professor Generalstaatsanwalt, wir bedanken uns sehr herzlich für die Möglichkeit dieses Interviews. Vielen Dank!

»Das Volk« (Organ der SED-Bezirksleitung Erfurt, aus der Wochenendbeilage) vom 2. Juli 1993:
»Keine besonderen Vorkommnisse...?«

Zwölf Stunden mit Toni 49 in der Hamburger Innenstadt

Das Gesicht des Oberwachtmeisters Gert Ullrich hellte sich auf, als er alle meine Papiere geprüft hatte: Journalistenausweis, Dienstauftrag vom »Volk«, seiner Heimatzeitung, wie ich später erfuhr, und die Bestätigung der SED-Bezirksleitung Ernst-Thälmann-Stadt Hamburg, sogar vom Ersten Sekretär, Genossen Gehrcke, gegengezeichnet. »Du mußt das verstehen«, sagte der 24jährige gebürtige Merxlebener (Kreis Bad Langensalza), »bei uns zu Hause wär das was anderes. Aber hier mußt du höllisch aufpassen, hier laufen immer noch solche Schmierfinken rum, die behaupten, sie wären von einer anständigen Zeitung, und dann hält dir bei der nächsten Dienstbesprechung der Leiter der Einrichtung einen sogenannten Artikel unter die Nase, daß du nur kotzen kannst«.

»Na, na, so schlimm wird es doch nicht sein«, entgegnete ich, »ich kenne einige meiner neuen Kollegen. Sie sind zwar oft in ihrer Wortwahl noch unsicher und bringen öfter mal Begriffe von gestern mit hinein, aber guten Willen kann man ihnen doch nicht absprechen! Außerdem weiß ich, daß Berichte, besonders wenn sie die Arbeit der Sicherheitsorgane betreffen, auch hier von den zuständigen Genossen bestätigt werden müssen«. »Was denkst du denn, was hier los ist. Hier gibt's noch ganz schöne Schlitzohren! Du machst dir keinen Begriff!«

Die Fahrt beginnt

»Dazu bin ich ja hergekommen«, war meine Antwort. Doch in diesem Moment betraten drei andere Genossen der Volkspolizei den Raum. Der jüngste von ihnen in der Uniform der Volkspolizei der DDR machte Meldung: »Keine besonderen Vorkommnisse, Genosse Ullrich«, übergab Dienstbuch, Fahrzeugpapiere sowie einen Autoschlüssel, und wir konnten aufbrechen zum Dienst an diesem Vorabend des »Tages der Deutschen Volkspolizei«.

Im FStW Toni 49, dem Funkstreifenwagen, einem alten Opel mit dem strahlend neuen Kennzeichen AU 13-61 (der Bezirk Ernst-Thälmann-Stadt Hamburg bekam »A«), hatten auf den Vordersitzen bereits zwei ältere Genossen in den Uniformen der Polizei der ehemaligen BRD Platz genommen.

Gert stellte mich ihnen vor, und sie begrüßten mich freundlich in ihrem norddeutschen Dialekt. Während der Fahrt kam ich mit den beiden Genossen ins Gespräch. Sie waren froh über ihre neue Tätigkeit. Zwar trügen sie immer noch ihre alten Uniformen, aber sie verstünden es, daß man nicht so viele neue Uniformen auf einmal herstellen könne, zumal ja die Anzahl der Volkspolizisten hier in Hamburg verdreifacht wurde.

Sie aber seien gelernte, langgediente Polizisten, d. h. jetzt Volkspolizisten, betonten sie. Früher hätten sie nur im Polizeipräsidium rumgesessen, jetzt seien sie immer an der frischen Luft, hätten Kontakt mit den Menschen...

»Mit den Bürgern«, korrigierte sie Gert. Ob sie auch Schwierigkeiten gespürt hätten bei der Umstellung, wollte ich wissen. »Nein, überhaupt nicht«, war ihre Antwort. »Die Grundlagen der polizeilichen Arbeit, das heißt, der volkspolizeilichen Arbeit, haben wir ja auch damals in der Landespolizeischule gelernt. Bei Demos, das heißt bei Zusammenrottungen staatsfeindlicher Elemente: Sperrketten, Abdrängen, Rädelsführer ermitteln, bei Angriffen oder vermeintlichen Angriffen Einsatz des Gummiknüppels, d. h. der Ordnungshilfe, oder am besten gleich Gebrauch der Schußwaffe. Da spart man sich dann das Zuführen der betreffenden Personen und den lästigen Schreibkram. All das ist ja gleich geblieben...«

»Na, na«, wandte Gert ein, »was soll denn der Genosse aus Erfurt für ein Bild von uns bekommen, das sind doch nur Extremfälle, die ihr hier schildert!«

Neues ist oft ungewohnt

»Also keinerlei Schwierigkeiten?« fragte ich beharrlich nach. »Na, seid mal ehrlich, Genossen«, warf Gert ein, wir sind ja hier unter uns. Wie ist das zum Beispiel mit dem Erlernen der neuen Dienstvorschriften, ich denke da besonders an ›Vier-Strich-Vier-Eins: Herantreten an einen Bürger‹. Klappt das schon immer? Nein!« »Ja, da hat der Genosse Ullrich recht, das ist nicht so einfach.« Aber hier im Norden ginge das einigermaßen, erklärte Gert. Ein Genosse von ihm sei in München eingesetzt. Dort sei es noch viel schwieriger.

»Herantreten an einen Bürger« beinhalte ja erstens Tagesgruß entbieten, zweitens Vorstellung mit Namen und Dienstgrad, drittens Klärung des Sachverhaltes und viertens schließlich Maßnahmen einleiten. Als Tagesgruß entböten die Münchner Genossen manchmal noch »Grüß Gott!« Zuerst haben unsere Genossen darüber gelacht und sie verbessert. Aber beim dritten Mal ist der eine oder andere doch ärgerlich geworden, da gab es dann Probleme.

Gen. Oberwachtmeister Ullrich mit dem freiwilligen Helfer der Volkspolizei Heinz Dietz an der Rosa-Luxemburg-Allee (Hamburg Ernst-Thälmann-Stadt)

Rudimente der Vergangenheit

Mittlerweile waren wir am Ende der Rosa-Luxemburg-Allee, der früheren Reeperbahn, angekommen. Gert und der Genosse auf dem Beifahrersitz stiegen aus, und ich folgte ihnen. Vor dem Eingang der Nachtbar »Blitze« kam ihnen ein kräftig gebauter junger Mann entgegen, der die Armbinde eines Helfers der Volkspolizei trug. Es war Heinz, der Leiter des Ordnungsdienstes. »Keine besonderen Vorkommnisse, Genosse Ullrich«, meldete er. Gert stellte mich ihm vor, und so hatte ich Gelegenheit, ihm ein paar Fragen zu stellen. Diese Nachtbar sei die einzige im ehemaligen Stadtbezirk St.Pauli, ein Zugeständnis für einige ausländische Gäste, Matrosen zumeist. Aber auch von denen gebe es ja jetzt immer weniger, da nach den neuen DDR-Bestimmungen alle Nordseehäfen wegen der Ebbe- und Flutgefahr für größere Schiffe gesperrt worden seien. Wenn ich Matrosen sehen wolle, müßte ich nach Wismar, Stralsund, Rostock oder Wolgast fahren. Aber auch bei den wenigen, die sich hierher verirrten: Eintritt nur mit Paß, darauf achte er streng. Manchmal kämen nämlich auch andere Ausländer an, meistens Araber, die versuchten, ihn auszutricksen. Die mußten ja nicht wie diese Gastarbeiter vor zwei Monaten nach Hause, sondern dürfen wohl noch ein halbes Jahr hierbleiben. Sie kämen mit ihrem roten Personalausweis an und wollten sich reinschmuggeln, aber nichts ist. Die scheuche er dann gleich weg. Was drin passiere, interessiere ihn eigentlich nicht. Er werde nur manchmal gerufen, wenn es Unstimmigkeiten unter den Gästen gebe. Das sei aber selten. So habe er aber mitgekriegt, daß da Programme laufen, zweimal am Abend Modenschauen. Im zweiten Teil soll wohl, so erzählte ihm einmal ein Mannequin aus Limbach-Oberfrohna, Damenunterwäsche aus ihrem Kombinat vorgeführt werden. Aber, wie gesagt, selbst gesehen habe er solche Schweinereien noch nicht.

Nomen sind Omen

Gert drängte zur Weiterfahrt. Ein Anruf war gekommen: »Toni 49 in die Thälmannstraße 19, eine ältere Bürgerin ist von der Spätschicht gekommen und findet ihren Wohnungsschlüssel nicht, Tür öffnen«. »Thälmannstraße, wo ist das?« fragte der Genosse am Lenkrad seinen Beifahrer. Der holte zwei Stadtpläne, einen alten und einen neuen, suchte, verglich, suchte wieder. Gert warf mir einen vielsagenden Blick zu und schüttelte den Kopf. Endlich hatte der Genosse die Thälmannstraße auf der neuen Karte gefunden: »Fahr zum Alten Fischmarkt, dann rechts runter zur Kurt-Schumacher-Allee.« »Kinder, langsam müßt ihr euch aber an die neuen Namen gewöhnen, was macht ihr denn so in eurer Freizeit?« Es war den beiden sichtlich peinlich, auch mir gegenüber.

»Als ich hier ankam«, sagte Gert, »war ja schon alles umbenannt, ich habe nur einen einzigen Stadtplan, den neuen.« »Gab es denn Proteste bei der Umbenennung?« wollte ich von den beiden Hamburgern wissen. »Nein, es wurden ja nicht alle Straßen und Plätze umbenannt, nur die politisch belasteten.« »Mit einer Ausnahme«, ergänzte der Genosse Fahrer, »nach der Wahl des Genossen Mies zum Bundeskanzler wurde vom damaligen Senat sofort die Herbertstraße umbenannt.« »Warum das?« wollte ich wissen, »Herbert ist doch nicht politisch belastet?« »Na ja, das waren die Nutten dort...«

Da griff Gert ein: »In dieser berüchtigten Herbertstraße, mußt du wissen, wurden damals unschuldige Frauen und Mädchen von skrupellosen Zuhältern gezwungen, ihren Körper zu verkaufen. Das war mit dem Vornamen des Genossen Mies nicht zu vereinbaren!« »Und wie heißt sie jetzt?« Keiner wußte es. »Wir kommen dort nicht hin«, sagte der Genosse Fahrer, »ist ja Fußgängerzone. Ich weiß nur, daß sie ursprünglich ›Straße der Deutsch-Sowjetischen Freundschaft‹ hieß, aber darüber soll sich wohl die sowjetische Botschaft beschwert haben.«

»Und was machen die mißbrauchten Frauen und Mädchen heute?« Die Hamburger wußten nur, daß man die Zuhälter eingesperrt habe. Gert ergänzte dazu, daß ihm im Urlaub seine Schwester erzählt habe, bei ihr auf der Schule für Pionierleiter in Droyßig hätten drei Mädchen bei ihrer Aufnahme in die FDJ erklärt, sie wären früher in Hamburg »Serviererinnen« gewesen. Alle aber nehmen an, daß sie...na ja.

Endstation Sehnsucht

Wir waren in der Thälmannstraße 19 angekommen. Die beiden Hamburger Genossen gingen nach oben, um die Tür der Frau, die den Schlüssel vergessen hatte, aufzubrechen. Gert und ich blieben im Auto, Gelegenheit für ein paar persönliche Fragen. Ob er seinen beiden Hamburgern tatsächlich vertraue, wollte ich wissen. Schließlich waren sie früher im Kapitalismus hohe Polizeibeamte. Darum kümmern sich andere, wie ich wohl ahne. Er schreibe seine Berichte und könne nur mitteilen, was er von ihnen sehe und höre.

Und privat, ob es ihn nicht wieder nach Hause ziehe. Ja und nein. Er wohne hier im Ledigenwohnheim, zahle dafür 5 Mark im Monat bei voller Verpflegung, sei hier als Streifenführer, Besoldungsklasse 13a-I, kriege pro Tag sieben Mark Trennungsgeld, da könne man schon etwas zusammensparen für später. Aber ewig möchte er das nicht machen, hier in der Fremde. Er sehne sich schon manchmal nach Merxleben, nach seinen Genossen zu Hause in Bad Langensalza...

Viel passierte nicht mehr in dieser Nacht mit dem FStW Toni 49. Ein Autofahrer hatte beim Rechtsabbiegen an einer Kreuzung mit einem grünen Pfeil einen Radfahrer angefahren, ein Sanitätskraftwagen (Sankra) mußte ihn ins Bezirkskrankenhaus fahren, das war alles.

So hieß es dann auch am Morgen um 6 Uhr bei der Übergabe in der VP-Dienststelle 27, der ehemaligen Davidswache, bei der Übergabe: »Keine besonderen Vorkommnisse!«

»Wochenpost« vom 14. September 1993:
Wo oder was ist der »Gelsenkirchner Weg«?

Liebe »Wochenpost«!

In den letzten Jahren seit der Wiedervereinigung sind hier bei uns im Westen eine Menge guter Sachen passiert. Wir sind dafür alle sehr dankbar, aber manches verstehen wir noch nicht immer auf Anhieb. Obwohl wir uns mit der neuen Zeit viel Mühe geben, muß man doch wissen, daß wir 40 Jahre lang anders orientiert wurden. Nehmen wir mal ein Beispiel:

Seit vielen Jahren wohne ich schon in Wanne-Eickel, Gelsenkirchner Weg 4.

Seit kurzem lese ich überall, wenn von Gedichteschreiben, Liedern oder Tänzen die Rede ist, das würde hier in unserer Straße stattfinden. Das müßte ich ja wissen, das stimmt aber nicht, das können alle hier bezeugen.

Gibt es vielleicht noch anderswo einen Gelsenkirchner Weg, oder wie soll ich das verstehen? Ich bitte um Antwort.

Euer Leser Günter Moss, Wanne-Eickel

Aus der Antwort der »Wochenpost«:
Lieber Günter Moss!
Natürlich ist mit dem »Gelsenkirchner Weg« nicht Ihre Straße gemeint. Wir haben aber volles Verständnis dafür, daß Sie und andere Bürgerinnen und Bürger aus der ehemaligen BRD noch so manche Hürde werden nehmen müssen, um die Errungenschaften der »neuen Zeit«, wie Sie schreiben, also des Sozialismus, verstehen zu können.

Der »Gelsenkirchner Weg« wurde vor über einem Jahr auf einer kulturpolitischen Konferenz im Gelsenkirchner Kulturhaus »Hans Sachs« beschlossen. Der Name dieses »Schumachers und Poeten« aus dem Mittelalter erklärt plastisch, worum es beim »Gelsenkirchner Weg« geht: Die Verschmelzung von Arbeiterklasse und Kunst, um es vereinfacht zu sagen. Namhafte Persönlichkeiten aus Politik (SED), Kultur (Kulturbund) und Gewerkschaft (FDGB) einigten sich damals, die fruchtbringenden Erfahrungen des »Bitterfelder Weges« aus dem bewährten Teil der DDR für die ehemalige BRD zu nutzen.

Was beinhalten diese Wege nun genau?

Volkstanz und Schalmeien

Wie gesagt, es geht um Kunst und Kultur. Früher, im Kapitalismus, waren Kunst und Kultur Privilegien der Reichen, der Kapitalisten. Heute, im Sozialismus, gehören sie dem ganzen werktätigen Volk. Jeder Werktätige kann heute nicht nur ins Theater, in die Oper, zu einer Lesung gehen, eine Bibliothek oder eine Ausstellung besuchen, sondern – und das ist das Neue – er kann sich künstlerisch auch selbst betätigen!

Er kann in »Zirkeln schreibender Arbeiter« unter fachkundiger Anleitung Gedichte und Aufsätze schreiben (»Greif zur Feder, Kumpel!«), er kann in »Zirkeln für bildnerisches Volkskunstschaffen« (»Greif zum Pinsel, Kumpel!«) Bilder malen, Plastiken formen, batiken oder keramische Erzeugnisse herstellen, er kann mitwirken in einem Tanz- oder Musikensemble (Volkstanzgruppe, Schalmeinkapelle, Beat-Combo u. a.) und vieles andere mehr.

Das ist der »Gelsenkirchner Weg«, von dem Sie jetzt so viel gelesen haben.

Wir hoffen, hiermit ihre Frage verständlich beantwortet zu haben.
Mit sozialistischem Gruß!
Ihre Redaktion »Wochenpost«

»Theater heute« vom 2. Oktober 1993:

Die Kunst gehört dem Volk

Empfang Erich Honeckers für namhafte Kunst- und Kulturschaffende

Am Donnerstag letzter Woche empfing der Generalsekretär der SED und Vorsitzende des Staatsrates der DDR, Erich Honecker, im Gebäude des Staatsrates eine Delegation namhafter Kunst- und Kulturschaffender.

An der Seite Erich Honeckers weilten das Mitglied des Politbüros und Sekretär des ZK, Gen. Prof. Kurt Hager, die Leiterin der Abteilung Kultur des ZK, Genn. Ursula Ragwitz, sowie der Minister für Kultur der DDR, Hans-Joachim Hoffmann.

Neuer Akademiepräsident: Wolf Biermann

Die Abordnung der Kunst- und Kulturschaffenden stand unter der Leitung des neugewählten Präsidenten der Akademie der Künste der DDR, des Liedersängers Gen. Wolf Biermann.

Zu Beginn der freundschaftlichen Unterredung nahm Genosse Erich Honecker das Wort. Er beglückwünschte zunächst den Präsidenten der Akademie zu dessen Wahl und wünschte ihm Gesundheit und Schaffenskraft für sein hohes Amt.

Anschließend würdigte Erich Honecker die bedeutende Rolle von Kunst und Kultur beim Aufbau des Sozialismus. Es gelte nun, die neuen Bedingungen des Kampfes der Werktätigen auch im neuen Teil der DDR noch wirksamer in entsprechenden Kunstwerken lebensnah zu gestalten.

Schweres Erbe überwinden

Das schwere Erbe, das die DDR durch die Vereinigung auch auf dem Gebiet der Kunst und Kultur übernommen habe, gelte es, schrittweise zu beseitigen und die kulturelle Einöde in der ehemaligen BRD durch neue Werke des sozialistischen Realismus in Kunst und Kultur zu überwinden. In der gegenwärtigen Etappe müßten alle Kräfte darauf konzentriert werden, die Erfahrungen des »Bitterfelder Weges« für die neuen Bürger der DDR zu erschließen. Die vielfältigen Erfolge, die bisher auf dem »Gelsenkirchner Weg« erreicht werden konnten, gäben ihm Anlaß zur Hoffnung.

Gen. Erich Honecker beglückwünscht den neuen Präsidenten der Akademie der Künste, Gen. Wolf Biermann

Rede Wolf Biermanns

Danach nahm der neugewählte Präsident der Akademie der Künste, Wolf Biermann, das Wort. Er bedankte sich für die Glückwünsche zu seiner Wahl, die auf Vorschlag der Ministerin für Volksbildung erfolgt sei. Er stimme ihr zu, daß dieses höchste Amt der Kunst mit dem besten Künstler des Landes besetzt werden müsse. Durch sein persönliches, vertrauensvolles Verhältnis zu ihr und ihrem Kampfgefährten, dem Genossen Generalsekretär, hatte er schon in der Vergangenheit die Möglichkeit gehabt, durch kulturpolitische Maßnahmen den Gegner zu täuschen. Dies war und bleibe die wichtigste Aufgabe der Kunst. Die heutige Begegnung zeige das große Vertrauen, die Aufmerksamkeit und das Wohlwollen, das die Partei- und Staatsführung und im besonderen der Genosse Honecker persönlich den Künstlern und Kulturschaffenden entgegenbringe.

»Turner, auf zum Streite«

Stellvertretend für die neu aufgenommenen Kandidaten der Akademie der Künste stellte Wolf Biermann den stellvertretenden Sektionsleiter »künstlerisches Wort«, Herrn Walter Jens, vor. Anschließend überreichten Gen. Wolf Biermann, Herr Jens und der Regisseur und Sekretär der Akademie, Manfred Wekwerth, Erich Honecker eine Tonkassette mit bewährten Arbeiterkampfliedern aus dem Ruhrgebiet. Erfreut zeigte sich Erich Honecker darüber, daß diese Tondokumentation auch solche Lieder wie »Turner, auf zum Streite« und »Die Rote Ruhrarmee« enthielt, die er als Mitglied der Wiebelskirchner Schalmeinkapelle persönlich bereits am Schlagwerk begleitet hatte.

Verfolgt wegen Brecht

Im Anschluß daran stellte die Präsidentin des Verbandes der Theaterschaffenden der DDR, Genn. Prof. Vera Oelschlegel, den Verfasser von Theaterstücken Heiner Müller und den Regisseur und Brecht-Schüler Peter Palitzsch vor. Herr Palitzsch berichtete, welchen Demütigungen und Verfolgungen er als Schüler von Bertold Brecht in der ehemaligen BRD ausgesetzt war. Sie hätten fast zum Berufsverbot geführt. In all der Zeit gab ihm die Solidarität der Genossen des Berliner Ensembles (BE) Kraft und Zuversicht. Er bedankte sich für die Möglichkeit, sich nun an diesem weltberühmten Haus unter der bewährten Leitung der Genossin Berg, einer Tochter Bert Brechts, als Inspizient dem Werke Brechts auch weiterhin verbunden fühlen zu dürfen.

Die Verteter des Verbandes der Theaterschaffenden übergaben anschließend Erich Honecker das in Leder gebundene Drehbuch einer Revue, die am Vorabend des XIII. Parteitages auf dem Marx-Engels-Platz ihre festliche Aufführung erleben wird. An dieser Revue, die in beeindruckenden Szenen, Tänzen und Liedern die Geschichte der DDR dokumentiert, werden sich alle Theater, Klangkörper, Operetten- und Opernhäuser der Hauptstadt beteiligen.

Ein Blankoscheck des Vertrauens für die Partei

Die Verteter des Schriftstellerverbandes der DDR Hermann Kant, Stephan Hermlin, Volker Braun, Günter de Bruyn, Günter Kunert sowie Günter Grass übergaben dem Generalsekretär eine Liste mit Unterschriften aller Mitglieder des Schriftstellerverbandes der DDR. Sie wurde dankbar entgegengenommen. Auf die Frage der Genn. Ragwitz, was unterschrieben worden sei, antwortete Günter de Bruyn, noch nichts. Das könne die Partei und Staatsführung im konkreten Fall entscheiden. Wichtig sei ja, daß alle Unterschriften erst einmal da seien.

Appassionata für Chor und Orchester

Als nächste nahmen die Komponisten Erhard Ragwitz (der Kampfgefährte von Genn. Ursula Ragwitz), Siegfried Matthus und Aribert Reimann das Wort. Als Vertreter des Verbandes der Komponisten und Musikwissenschaftler der DDR würdigten sie das Wohlwollen, das sie von der Partei- und Staatsführung gerade ihrem Schaffen gegenüber spüren dürften. Ein besonderer Ausdruck dafür sei, daß gerade eine Musikwissenschaftlerin, wie die Genn. Ragwitz, eine so verantwortungsvolle Funktion in der Parteiführung ausübe.

Der Dirigent des Rundfunktanzorchesters Leipzig, Justus Frantz überreichte eine Mappe, die neben vielen Verpflichtungen für neue Werke zu Ehren des XIII. Parteitages der SED auch eine bereits fertige Neuschöpfung enthielt. Es sei eine Bearbeitung der Beethovschen »Appassionata«, dem bekanntlichen Lieblingswerk W. I. Lenins, für Chor und Orchester mit Texten aus »Zirkeln schreibender Arbeiter« aus dem Saarland. Erich Honecker bedankte sich auf das herzlichste.

Thälmann kam aus Ernst-Thälmann-Stadt Hamburg

Nun waren die Verteter der bildenden Kunst an der Reihe. An Stelle des erkrankten Präsidenten des Verbandes bildender Künstler der DDR, Gen. Prof. Werner Tübke, überreichten sein Stellvertreter Gen. Prof. Willi Sitte, der Sekretär des Verbandes, der Dresdner Maler A. R. Penck, sowie der Leiter der Abteilung Agitation und Sichtpropaganda beim ZK der SED, der Maler und Collageur Gen. Klaus Staeck, Erich Honecker eine Mappe mit Skizzen Werner Tübkes. Es handelte sich dabei um Entwürfe eines monumentalen Gemäldes über den Kampf der Arbeiterklasse Hamburgs unter der Führung Ernst Thälmanns. Dieses Gemälde soll in einem noch zu errichtenden Panorama auf der Essener Villa Hügel entstehen. Der Hinweis des Genossen Honecker, ob man dieses Panorama nicht vielleicht in der Ernst-Thälmann-Stadt Hamburg selbst errichten könne, wurde dankbar aufgegriffen.

Die silberne Rose von Slubice

Zum Schluß kamen die Vertreter der heiteren Muse zu Wort. Die Präsidentin des Staatlichen Komitees für Unterhaltungskunst der DDR, Genn. Gisela Steineckert, überreichte Gen. Honecker eine Aufstellung sämtlicher Festivals volkstümlicher Lieder, die im Rahmen der Durchsetzung des »Gelsenkirchner Weges« vom Komitee initiiert worden waren. Über eine viertel Million Zuschauer hätten in diesen Konzerten neue Kraft und Lebensfreude erfahren können. Nicht gerechnet die Millionen zu Hause an den Bildschirmen.

In diesem Zusammenhang informierte die Präsidentin die Anwesenden, daß die DDR auf dem jüngsten Festival der Fernsehanstalten sozialistischer Länder einen großen internationalen Erfolg erringen konnte. Der DDR-Beitrag »Ich bin ich, und du bist du« (Text G. Steineckert/Musik J.Pippig) konnte einen zweiten Preis, die »Silberne Rose von Slubice« erringen. Anschließend stellte Gisela Steineckert dem Generalsekretär der SED, Erich Honecker, den neuernannten Generalsekretär des Komitees, Herrn Karl Dall, vor. Dieser überbrachte in seiner ihm eigenen Art die herzlichsten Grüße vom Ehrenmitglied der Gelsenkirchner Schalmeinkapelle, Udo Lindenberg. Die dadurch entstandene Heiterkeit war ein guter Übergang für eine Abschlußbemerkung Erich Honeckers sowie zu einem sich anschließenden Festbankett.

Kunst ist Waffe – Volkskunst Geheimwaffe!

Während des Banketts kam es zu einer persönlichen Begegnung zwischen Genn. Ragwitz und der Leiterin des Hauses der Volkskunst Leipzig, Bärbel Bohley.

Frau Bohley bedauerte, in der vorangegangenen Gesprächsrunde durch den nicht protokollgemäßen Beitrag der Kollegen der Unterhaltungskunst nicht mehr zu Wort gekommen zu sein. Gern hätte sie dem Generalsekretär persönlich von den Erfolgen der Volkskunstschaffenden auf dem »Gelsenkirchner Weg« berichtet. So seien in den letzten Monaten im Ruhrgebiet über 200 Keramikzirkel unter ihrer persönlichen Anleitung entstanden. Genn. Ragwitz versicherte ihr, dies dem Generalsekretär bei einer günstigen Gelegenheit persönlich mitzuteilen und ihre Information ins Protokoll aufzunehmen. Bärbel Bohley bedankte sich herzlich.

»Fußballwoche« (FUWO) vom 15. Januar 1994:

Wird Franz Beckenbauer neuer Trainer von »Fortschritt Bischofferode«?

In der letzten Zeit kursierten unter den Sportfreunden kuriose Gerüchte: Franz Beckenbauer, ehemals Cheftrainer der Fußball-Nationalmannschaft der ehemaligen BRD, trainiere nun die Mannschaft von »Fortschritt Bischofferode«!

Wie FUWO nach einem Telefonat mit der Leitung des Fußballverbandes der DDR erfuhr, ist dies nicht der Fall. Entstanden sei dieses Gerücht nach einer Bemerkung Beckenbauers, die folgende Vorgeschichte habe: Der Werkdirektor des VEB Kali-Werk Bischofferode hatte auf einer Auszeichnungsveranstaltung den Präsidenten des DTSB, Gen. Manfred Ewald, gebeten, ihm die Fußball-Nationalmannschaft für ein Freundschaftsspiel auszuleihen. Die Bitte wurde erfüllt. Der Cheftrainer Georg Buschner hatte allerdings nur die Zweitbesetzung nach Bischofferode geschickt, Fußballer aus der ehemaligen BRD sowie seine Assistenztrainer Berti Vogts und Franz Beckenbauer. Nach dem 1:1-Endstand rief Beckenbauer verärgert seinen Spielern zu: »Ihr Pfeifen, da kann ich ja gleich Fortschritt Bischofferode trainieren!«

Daraus entstand dann o.g. Gerücht.

H. F. Oe.

»Sportecho« vom 15. März 1994:

Vorwürfe entbehren jeglicher Grundlage

Pesseerklärung des Präsidiums des Deutschen Turn- und Sportbundes (DTSB) der DDR

Angesichts der überwältigenden Erfolge der DDR-Athleten bei den Olympischen Spielen in Barcelona und Lillehammer, bei denen die DDR-Sportler erstmalig mit der Erringung von 92 Prozent aller zu vergebenden Medaillen den Platz 1 in der Länderwertung einnahmen, mehrten sich internationale kritische Stimmen. Die Sportführung der DDR wertete diese Kritik als Ausdruck des Neides und der Mißgunst internationaler Sportfunktionäre. Allein den wissenschaftlichen Trainingsmethoden und dem technisch-wissenschaftlichen Vorlauf bei der Entwicklung neuer Sportgeräte habe man diese Erfolge zu verdanken.

Beeindruckende Manifestation der DDR-Sportler während der Massenübungen zum Turn- und Sportfest in Münchener Olympiastadion

»System-Leistungshilfe« von Prof. Dr. Hackethal

Die Verleumdung, daß die Erfolge der DDR-Sportler auf Grund des vom Leiter des sportmedizinischen Dienstes der DDR, Prof. Dr. Hakkethal, entwickelten »Systems der Leistungshilfe« zustandegekommen seien, entbehrten jeglicher Grundlage. Es seien, so wurde wider besseres Wissen behauptet, in hohem Maße neuartige Dopingmittel eingesetzt worden, die von den traditionellen Kontrollmethoden noch nicht nachgewiesen werden könnten. Wahr dagegen ist, daß im DDR-Sport ausschließlich hundertprozentig erlaubte, international anerkannte sogenannte unterstützende Mittel eingesetzt würden.

Auf das Argument der tiefen Stimmen sämtlicher DDR-Athletinnen angesprochen, erklärte das Präsidium des DTSB, man sei nach Barcelona und Lillehammer schließlich zu einem Sportfest gefahren und nicht zu einem Sängertreffen.

»Deine Gesundheit« vom März 1994:
Salmolnellengeißel gebannt

Interview mit dem Direktor der Universitätsklinik München, Gen. Prof. Dr. hc Martin Miehe

»Deine Gesundheit«: Herr Prof. Dr. Miehe, in allen Bezirken der ehemaligen BRD, besonders aber im Bezirk München, traten in der Vergangenheit häufig Fälle von Salmonellenvergiftungen auf, die leider auch Menschenleben kosteten. Wie jüngst zu lesen war, ist es Ihrer Klinik gelungen, dieser Geißel quasi über Nacht Herr zu werden. Wie ist ihnen das gelungen?

Prof. Dr. Miehe: Zunächst muß ich Sie korrigieren, nicht wir allein, sondern viele haben ihren Anteil an der Lösung dieses Problems. Aber zum Kern ihrer Frage:

Wie ist uns das gelungen? Es ist eine lange Geschichte. Wir haben monatelang an diesem Problem gearbeitet und geforscht.

»Deine Gesundheit«: Könnten Sie uns kurz die Hauptetappen der Forschung schildern?

Prof. Dr. Miehe: Gern. Zunächst war uns das Phänomen aufgefallen, daß es im bewährten Teil der DDR niemals Salmolnellenfälle gegeben hatte. Da Salmolnellenvergiftungen...

»Deine Gesundheit«: Entschuldigen Sie, Genosse Professor, ich dachte bisher, es hieße »Salmonellen?«

Prof. Dr. Miehe: Sehen Sie, so können Sie sich irren!

Also: Da Salmolnellenvergiftungen nach dem Genuß von rohen Hühnereiern auftraten, stand für uns die Frage, worin besteht der Unterschied zwischen den DDR-Eiern und den Eiern in der ehemaligen BRD?

Der einzige Unterschied bestand, wie unsere Forschungen ergaben, in der Farbe. Hier, also im Westen, wenn ich das mal so salopp sagen darf, gab es nur braune Eier. Bei uns in der DDR waren die Eier weiß, strahlend, also hygienisch einwandfrei. Nach umfangreichen Untersuchungen und Vergleichsforschungen der Eierschalen haben wir dem Gesundheitsministerium vorgeschlagen, sich an das Ministerium für Landwirtschaft und Forst zu wenden. Die sollten die LPGs in den neuen Bezirken und Kreisen der DDR anweisen, ihre Hühner zu schlachten und durch weißeierlegende DDR-Rassen zu ersetzen.

»Deine Gesundheit«: Ihr Vorschlag wurde aber nicht realisiert, denn noch immer gibt es hin und wieder diese unhygienischen braunen Eier zu kaufen. Warum?

Prof. Dr. Miehe: Richtig. Das Ministerium für Land und Forst berief sich auf eine Anweisung der Partei. Diese besagt, daß vom System der ehemaligen BRD zwei sogenannte angeblich nützliche Dinge in die vereinte DDR zu übernehmen seien. Zum einen handelte es sich dabei um jene Schilder auf den Autobahnen, die die Namen der Flüsse kennzeichnen, und zum anderen waren das eben diese braunen Eier. Das Ministerium Land und Forst signalisierte uns aber, daß es grundsätzlich mit unserem Vorschlag einverstanden sei. Ein entsprechender Antrag an das Zentralkomitee der Partei sei vorbereitet worden.

Bis aber dieser Antrag als Vorlage das Politbüro passiere, würden mindestens anderthalb Jahre vergehen. Zudem sei auch nicht sicher, ob diese Vorlage durchkäme. Schließlich handele es sich ja um eine wichtige politische Entscheidung. Das sogenannte Selbstwertgefühl der ehemaligen Bundesbürger habe angeblich arg gelitten, daß nur diese beiden Dinge übernommen worden wären. Wenn man jetzt auch noch die braunen Eier abschaffe, wäre das nicht gut...

»Deine Gesundheit«: Aber es geht doch um die Gesundheit, um Menschenleben...

Prof. Dr. Miehe: Richtig. Das habe ich auch Gen. Krolikowski gegenüber zum Ausdruck gebracht, als er jüngst in München weilte.

»Deine Gesundheit«: Und was hat er darauf geantwortet?

Prof. Dr. Miehe: Er hat das Problem notieren lassen. Allerdings, so sagte er, wolle er sich bei solch einer wichtigen Entscheidung lieber auf die kollektive Weisheit der Genossen des Politbüros stützen.

»Deine Gesundheit«: Und kam es zu einer solchen Entscheidung?

Prof. Dr. Miehe: Sie war nicht nötig, das Ministerium zog seinen Antrag zurück.

Wir hatten inzwischen die Lösung gefunden. Wie so oft in der Geschichte der Wissenschaft, spielte hier der Zufall eine entscheidende Rolle. Bei einem Besuch in meinem Heimatort Buffleben, Landkreis Erfurt, unterhielt ich mich abends in der Gaststätte mit dem Leiter der Geflügelzuchtanlage.

Er berichtete von einem diesjährigen Engpaß bei der Bereitstellung von Kanülen. Während dieses Gespräches erfuhr ich, daß unsere Hühner schon seit Jahren regelmäßig gegen die Salmolnellen geimpft werden. Das war dann die Lösung.

»Deine Gesundheit«: Warum wurden denn die Hühner in der ehemaligen BRD nicht geimpft?

Prof. Dr. Miehe: Dieser Impfstoff ist sehr teuer, im Kapitalismus hatte das Profitdenken der Bauern Vorrang, eine Impfung wurde dadurch verhindert.

»Deine Gesundheit«: Obwohl dadurch Menschenleben zu beklagen waren?

Prof. Dr. Miehe: Sehr richtig. Daran sehen Sie, daran sehen wir wieder einmal deutlich dieses menschenverachtende System des Kapitalismus, der, wenn sein Profit in Gefahr ist, selbst über Leichen geht.

»Deine Gesundheit«: Gestatten sie zum Schluß noch eine persönliche Frage?

Prof. Dr. Miehe: Bitte!

»Deine Gesundheit«: Sie sind der jüngste Professor in der DDR, der jüngste Direktor einer der bedeutendsten Universitätskliniken unseres Landes. Sie sagten selbst, daß Sie aus dem Bezirk Erfurt stammen. Wie kommen Sie mit der für Sie doch neuen Umgebung hier zurecht?

Prof. Dr. Miehe: Zunächst möchte ich sie berichtigen. Alle Direktorenstellen von Universitätskliniken wurden neu besetzt von fast ebenso jungen Kadern, wie ich es bin. Wenn Sie mich nach den Problemen hier vor Ort fragen, muß ich Ihnen sagen, daß ich natürlich all das nicht allein bewältigen kann. Mir stehen gute, junge Genossen zur Seite, die wie ich aus der Medizinischen Akademie Erfurt kommen, und die nun als Chefärzte die einzelnen Bereiche leiten. Zudem bekommen wir ausgezeichnete Unterstützung der Genossen aus der Bezirksleitung der SED. Ohne sie alle wäre ich hier auf verlorenem Posten.

Wenn ich allerdings damals gewußt hätte, was auf mich zukommt, wäre ich vielleicht FDJ-Sekretär unserer Akademie geblieben. Aber Parteiauftrag ist Parteiauftrag.

»Deine Gesundheit«: Worin bestehen Ihre hauptsächlichen Probleme?

Prof. Dr. Miehe: Das Hauptproblem bei den Kollegen der ehemaligen BRD besteht darin, daß sie sich bei der Behandlung der Patienten auf die Technik verlassen. Technik, Technik und nochmals Technik. Der Patient bleibt dabei auf der Strecke, der persönliche Kontakt, das Gespräch, die psychologische Seite, wenn Sie verstehen, was ich meine. Wir leiten sie an, gut, sie sind auch sehr willig und einsatzbereit. Aber oft sind sie nicht bei der Sache, erscheinen übermüdet zum Dienst, weil sie in Abendkursen noch die fehlenden Fächer nachholen müssen. Schließlich wollen sie ja wieder ihre ursprünglichen Titel erwerben.

»Deine Gesundheit«: Wurden ihnen diese Titel aberkannt?

Prof. Dr. Miehe: Selbstverständlich. Sie sind jetzt Diplom-Mediziner und arbeiten hier als Assistenz- bzw. Stationsärzte. Aber sie haben die Möglichkeit, wenn sie ihre Abschlüsse in Philosophie, zweimal Politische Ökonomie (Kap. und Soz.), Wissenschaftlicher Sozialismus und Geschichte der Arbeiterbewegung mit »Sehr gut« vorweisen können, sich einer Kommission unter meiner Leitung zu stellen, die dann über ihre Titel und ihren weiteren Einsatz entscheiden wird.

»Deine Gesundheit«: Das ist ja sehr human und großzügig, wenn man bedenkt, was die Medizin der ehemaligen BRD in den letzten vierzig Jahren...

Prof. Dr. Miehe: Das will ich meinen! Aber unser Bemühen geht ja in die Richtung, jeden zu gewinnen und keinen zurückzulassen!

»Deine Gesundheit«: Gen. Professor, wir danken Ihnen für das Gespräch!

»Christ und Welt« vom 17. Juni 1994:
Vertrauensvolles Miteinander

* **Der Staatsratsvorsitzende empfing führende Vertreter der Kirchen**
* **Kardinalerzbischof Dyba überbringt persönliche Grüße seiner Heiligkeit**
* **Landesbischof Leich: Bedauern über einstige Meinungsverschiedenheiten**

Der Staatsratsvorsitzende der DDR, Erich Honecker, empfing am gestrigen späten Nachmittag führende Vertreter von Kirchen und religiösen Gemeinschaften.

In Anwesenheit des Staatssekretärs für Kirchenfragen, Manfred Stolpe, umriß Erich Honecker die Geschichte der bisherigen Entwicklung des Verhältnisses von Kirche und Staat im Sozialismus. Er wies auf eine gute, fruchtbringende Zusammenarbeit mit allen religiösen Gemeinschaften, vor allem mit der katholischen Kirche, hin, die sich auch in schwierigen Zeiten der DDR bewährt habe. Sich an die Adresse einiger evangelischer Landesbischöfe wendend, führte er aus, daß er nicht immer davon ausgehen konnte, daß von ihnen Geist und Buchstabe der Vereinbarungen des 6. März 1978 eingehalten wurden. Er möchte davon ausgehen, daß in Zukunft Einmischungen der Kirche in die inneren Angelegenheiten des Staates unterbleiben. Schließlich hieße es ja in ihrer Bibel: »Gib dem Kaiser, was des Kaisers ist.«

Grüße seiner Heiligkeit

Kardinalerzbischof Dyba, der zuvor die herzlichsten Grüße seiner Heiligkeit, Papst Johannes Paul II., an Erich Honecker überbracht hatte, die ebenso herzlich erwidert wurden, bedankte sich beim Staatsratsvorsitzenden für dieses bekannte Zitat aus der Heiligen Schrift. Er informierte darüber, daß der Vatikan beschlossen habe, dem veränderten Kräfteverhältnis in der DDR Rechnung zu tragen und eine kirchliche Neuorganisation erwäge. Danach sei vorgesehen, die Kirchengeschichte zu reaktivieren, das wieder einzurichtende Bistum Erfurt (742 vom hlg. Bonifatius gegründet) zum Erzbistum zu machen und ihm nicht nur das Bistum Mainz, sondern alle Bistümer und Diözesen der südlichen DDR zu unterstellen. Das uralte, von Otto I. gegründete Erzbistum Magdeburg solle dagegen das kirchliche Zentrum der Nord-DDR werden. Ebenso sei vom Heiligen Stuhl, der Bedeutung des Osten der DDR, des bewährten Teils des Landes, entsprechend, an die Wiedereinrichtung solcher erloschener Bistümer wie Schwerin, Havelberg, Brandenburg, Zeitz bzw. Naumburg, Merseburg und Meißen gedacht worden.

Veraltetes Konkordat erneuern

Diese Mitteilung wurde vom Staatsratsvorsitzenden mit Genugtuung aufgenommen. Staatssekretär Stolpe warf in diesem Zusammenhang ein, daß dies eine gute Gelegenheit sei, über das »von der katholischen Kirche zäh verteidigte Konkrokant« neu nachzudenken, da ihm das bisherige nicht schmecke. Auf die Bemerkung Erich Honeckers, daß man sich aber nicht in innerkirchliche Dinge einmischen werde, auch was irgendwelche religiösen Speisen beträfe, erklärte Stolpe, daß es sich

Der Berliner Erzbischof Felix Edmund Sterzynsky auf dem Weg zum Pontifikalamt zu Ehren der Vereinigung der DDR

S. 153: Protestantische Würdenträger auf dem Gang nach Canossa

beim Konkrokant um die Machtfragen Papst/Staat bei der Neubesetzung von Bischofstühlen handele. Nachdem er vom Kardinalerzbischof Dyba in anmaßender Weise (»Entschuldigung, Herr Staatssekretär, wenn Sie Konkordat meinen, gebe ich Ihnen recht, bitte!«) verbessert wurde, stimmte Erich Honecker dem Vorschlag Stolpes zu, daß der Einfluß von Partei und Regierung dabei wesentlich erhöht werden müsse.

Kein Gegen-, sondern Miteinander

Zum Problemkreis Kommunion/ Konfirmation und Pioniernachmittage/Jugendweihe angesprochen, äußerte Kardinalerzbischof Dyba, daß keine Form des Bekenntnisses sich auszuschließen brauche. Auch seien von seiner Bischofskonferenz die Einführung der Fächer »Vormilitärische Ausbildung« und »Wissenschaftlicher Atheismus« in den Schulen als souveräne Maßnahme des Staates akzeptiert worden. Ebenso respektiert würden die staatlichen Auffassungen zu Problemen der

Empfängnisverhütung und der gleichgeschlechtlichen Partnerbeziehung, wie sie in den Paragraphen 218 und 175 verankert seien. Man erwarte ja vom Staat auch nicht, daß er sich in innerkirchliche Dinge, wie beispielsweise das Zölibat, einmische. Nach einer von Erich Honecker mehr scherzhaft gemeinten Äußerung zu diesem Thema, teilte Kardinalerzbischof Dyba mit, daß auf dem nächsten Vatikanischen Konzil dieses Thema behandelt werden würde. An eine Abschaffung des Zölibats sei dabei vom Heiligen Stuhl nicht gedacht, nur werde es voraussichtlich etwas gelockert werden.

Mea culpa...

Zum Schluß der freundschaftlichen Begegnung im Staatsrat der DDR äußerten sich auch die Vertreter der evangelischen Kirchen, so u. a. Landesbischof Leich, und betonten nochmals ihren Willen, in Zukunft sich strikt an die Vereinbarungen des 6. März 1978 halten zu wollen. Sie bedauerten die Mißverständnisse der Vergangenheit, die allerdings nur einzelne Verteter ihrer Kirchen zu verantworten hätten oder gewissenlose Aufwiegler, Störenfriede und Friedensstörer, die den Namen der Kirche mißbraucht hätten. Staatssekretär Stolpe könne aus eigener Erfahrung bestätigen, daß die Leitungen der Evangelischen Landeskirchen stets um eine loyale Haltung Partei und Staat gegenüber bemüht waren.

Beim anschließenden Bankett kam es zu zahlreichen persönlichen Gesprächen zwischen Vertretern von Staat und Kirche. Dabei war die einhellige Meinung der staatlichen Seite, daß die Gerüchte um die Abschaffung der Kirchensteuer von jenen Kreisen der CDU-PdS in die Welt gesetzt würden, denen das gute Verhältnis von Staat und Kirche ein Dorn im Auge sei.

Montag, den 3.10. 1994:

Unser heutiges Fernsehprogramm

Fernsehen der DDR-Nord Sender Bremen

17. 00 Aktuell-Regionalnachrichten aus den Bezirken des Sendegebietes

17. 10 »Ernst Thälmann – Sohn seiner Klasse« (Spielfilm, DEFA 1958)

19. 30 Aktuelle Kamera
Weitere Sendungen s. Zentralfernsehen Berlin-Adlershof

Fernsehen der DDR-Süd Sender Stuttgart

17. 00 Aktuell-Regionalnachrichten aus den Bezirken des Sendegebietes

17. 10 »Ernst Thälmann – Führer seiner Klasse« (Spielfilm, DEFA 1959)

19. 30 Aktuelle Kamera
Weitere Sendungen s. Zentralfernsehen Berlin-Adlershof

Fernsehen der DDR – Zentralfernsehen Berlin-Adlershof

17.00 Verkehrsmagazin
17.10 Der Fernsehkoch empfiehlt
17.20 Elf 99/Rund u. a. dabei: der Oktoberklub
18.00 Hauptstadt-Kaleidoskop
18.30 Du und dein Garten
18.55 Unser Sandmännchen
19.00 Tausend Tele-Tips
19.30 Aktuelle Kamera u. a. Berichte von der Auszeichnungsveranstaltung am Vorabend des 45. Jahrestages der DDR
20.00 Die Feuerzangenbowle
21.20 Der Rote Kanal
Eine Sendung von und mit Karl-Eduard von Schnitzler
22.00 Ein Kessel Buntes (Whlg. vom 13. 2. 89)
23.55 Nationalhymne
– Sendeschluß –

Szenenfoto aus der Sendung »Alles singt«
Hier der beliebte Volkssänger Hans Albrecht mit »La Paloma«

Festlicher Auftakt zum Nationalfeiertag

Am Vorabend:

- Abrechnung der Ergebnisse in der Bewegung: »Erich! Gut ist uns nicht gut genug!«
- Im Palast der Republik: Feierliche Übergabe von Ehrenbannern des ZK der SED sowie von Wanderfahnen des Ministerrates der DDR und des Bundesvorstandes des FDGB
- Erstmals auch an Betriebe und Einrichtungen aus den neuen Bezirken der DDR!
- Im Gebäude des Staatsrates: Hohe staatliche Auszeichnungen an verdienstvolle Persönlichkeiten überreicht!

(ADN) Am Vorabend des 45. Jahrestages der DDR und des 5. Jahrestages der sozialistischen Wende wurden im Beisein des Generalsekretärs der SED und Staatsratsvorsitzenden, Gen. Erich Honecker, verdiente Werktätige der Deutschen Demokratischen Republik geehrt.

Erstmalig kamen auch Bürgerinnen und Bürger der ehemaligen BRD in den Genuß dieser höchsten staatlichen Auszeichnungen. Hier ein Auszug aus der Liste der Geehrten:

Der **Karl-Marx-Orden**
wurde verliehen an:

Gen. Erich H o n e c k e r, Generalsekretär der SED und Vorsitzender des Staatsrates der Deutschen Demokratischen Republik
Gen. Erich M i e l k e, Mitglied des Politbüros des ZK der SED und Minister für Staatssicherheit
Gen. Günter M i t t a g, Mitglied des Politbüros und Sekretär des ZK der SED
Gen. Wolf B i e r m a n n, Präsident der Akademie der Künste, Liedersänger

Der Orden **Großer Stern der Völkerfreundschaft**
wurde verliehen u. a. an:

Gen. Uwe B a r s c h e l (postum), Kiel
Gen. Prof. Dr. Lothar B i s k y, Arbeiterveteran, Potsdam
Gen. Werner K l i e r, Arbeiterveteran, Karl-Marx-Stadt
Genn. Barbara G l o b i g, Künstlerische Direktorin des Verlages

»Junge Welt«, Abt. ELEFANTEN PRESS
Gen. Thomas H e u b n e r, Verlagsleiter »Junge Welt«,
Abt. ELEFANTEN PRESS
Gen. P. I. K o t s c h w l a s s o w, Botschafter der UdSSR in der DDR
Gen. Dieter R e u t e r, Arbeiterveteran, Gotha
Herrn Johannes Paul W o j t y l a, Papst, Rom-Vatikanstadt

Die **»Ehrenspange« zum Vaterländischen Verdienstorden in Gold**
wurde verliehen u. a. an:

Gen. Herbert M i e s, Mitglied des Politbüros und Sekretär
des ZK der SED
Gen. Karl Eduard von S c h n i t z l e r, Chefkommentator des
Rundfunks und Fernsehens der DDR sowie Chefredakteur der
Zeitschrift »BILD der Neuen Zeit«, Hamburg

Der **Vaterländische Verdienstorden in Gold**
wurde verliehen u. a. an:

Manfred K a p p l u k, Bergmann, Essen
Katrin K r a b b e, Apothekerin, Neubrandenburg

Der **Vaterländische Verdienstorden in Silber**
wurde verliehen u. a. an:
Franziska van A l m s i c k, Leiterin der Abt. Verkauf und Werbung
des »VEB Milka«
Gen. Herrmann G r e m l i z a, stellvertr. Chefredakteur der »Einheit«,
theoretisch-konkretes Organ des ZK der SED

Der **Vaterländische Verdienstorden in Bronze**
wurde verliehen u. a. an:

Boris B e c k e r, Platzwart beim SC Dynamo Pullach
Alfred B i o l e k, Arbeiterveteran, Münster
Alice S c h w a r z e r, stellvertr. Vorsitzende des DFD
Siegfried U n s e l d, Korrektor der Zeitschrift bei »BILD
der Neuen Zeit«, Hamburg
Rudolf A u g s t e i n und Henry N a n n e n (im Kollektiv),
Redakteure der Betriebszeitung »Aurora« der VEB Neptun Werft
Rostock, Werk 4, VEB Hapag Werft Bremen-Hamburg

**Nationalpreis für Kunst und Literatur
Klasse I**
wurde verliehen an:

Gunter E m m e r l i c h, Sänger
Dagmar F r e d e r i c, Sängerin
Ludwig G ü t t l e r, Trompeter
Manfred K r u g, Schauspieler
Wolfgang L i p p e r t, Fernsehmoderator
Monika M a r o n, Schriftstellerin
Gisela S t e i n e c k e r t, Lyrikerin und Schriftstellerin,
Präsidentin des staatlichen Komitees für Unterhaltungskunst der DDR
Udo Z i m m e r m a n n, Komponist und Generalintendant der Opern
der DDR

**Nationalpreis für Kunst und Literatur
Klasse II**
wurde verliehen u.a. an:

Karl D a l l, Unterhaltungskünstler
Katja E b s t e i n, Sängerin
Thomas G o t t s c h a l k, Fernsehkünstler
Mike K r ü g e r, Schauspieler und Chansonsänger
Udo L i n d e n b e r g, Leiter des zentralen Musikkorps der FDJ

**Nationalpreis für Kunst und Literatur
Klasse III**
wurde verliehen u.a. an:

Ensemble »BAP«, FDJ-Singegruppe Köln
Günter G r a s s, Journalist und ehemaliger Schriftsteller
Günter G a u s s, Schriftsteller und ehemaliger Journalist
Walter J e n s, Rhetoriker
A. R. P e n c k, Kunstmaler
Otto W a a l k e s, Referent der »Gesellschaft zur Verbreitung wissen-
schaftlicher Kenntnisse« (URANIA)

 *(Die gesamte Liste der Ausgezeichneten sowie die ausführliche Be-
gründung für die Ehrung kann man der Tagespresse vom 1. 10. 1994
entnehmen.)*

Festlicher Empfang am Vorabend des 45. Jahrestages der Deutschen Demokratischen Republik im Festsaal des Zentralkomitees der Sozialistischen Einheitspartei Deutschland

Am Vorabend des 6. Oktober:

Festlicher Empfang für die Aktivisten der ersten Stunde sowie verdienstvolle Werktätige aus allen Bezirken und Kreisen der DDR

7. Oktober:

Bewegende Festveranstaltung zum 45. Jahrestag der DDR in der Deutschen Staatsoper Unter den Linden

Um 18 Uhr findet im Gebäude des ZK der SED die feierliche Übergabe des Werkes »Die sozialistische Wende« statt. Die Mitglieder des Politbüros nehmen das dreibändige Werk in einer prachtvollen Sonderausgabe entgegen. Die Information, daß in den nächsten Tagen auch eine gekürzte, volkstümliche Ausgabe des Werkes unter dem Titel »Rote Wende« für die neuen Bürger der DDR erscheinen soll, wird mit Interesse und Wohlwollen zur Kenntnis genommen. Anschließend werden an die namhaften Persönlichkeiten dieses Kollektivs hohe staatliche Auszeichnungen verliehen.

Den Dank der Geehrten an die Partei- und Staatsführung überbringt in bewegenden Worten der Leiter des Schöpferkollektivs, das neu ernannte Mitglied des ZK der SED, Nationalpreisträger Prof. Dr. Dr. hc Reinhold Andert.

Amen

 Auf deutsch: So soll es sein

© ELEFANTEN PRESS Verlag GmbH, Berlin 1994.
Alle Nachdrucke sowie die Verwertung in Film, Funk und Fernsehen und auf jeder Art
von Bild-, Wort- oder Tonträgern sind honorar- und genehmigungspflichtig.

1. bis 5. Tausend: Oktober 1994
6. bis 10. Tausend: Dezember 1994

Umschlag: Jürgen Holtfreter
Gestaltung und Fotomontagen: Barbara Globig
Fotos: P. Koal (3); Archiv EP (18); ADN-ZB (1); ADN-ZB / Bartocha (3), Busch (1),
   Förster (1), Gahlbeck (3), Haseloff (1), Häßler (1), Hirndorf (1), Lehmann (2),
   Murza (1), Oberst (1), Pätzold (2), Senft (2), Sindermann (1), Schindler (1),
   Reiche (2), Schaar (1), Roeske (1), Weißflog (2), Zimmermann (1); JW (1)
Satz und Lithografie: Agentur Siegemund
Belichtung: MSP Satz + Grafik GmbH, Berlin
Druck: Druckhaus am Treptower Park GmbH, Berlin
Bindung: Buchbinderei am Treptower Park GmbH, Berlin

Printed in Germany

EP 525
ISBN 3-88520-525-4

ELEFANTEN PRESS
Postfach 66
12414 Berlin

Die Deutsche Bibliothek – CIP-Einheitsaufnahme

Andert, Reinhold:
Rote Wende / Reinhold Andert. – Berlin : Elefanten Press, 1994
    (EP ; 525)
    ISBN 3-88520-525-4
NE: GT